幸福だから笑うのではない。
笑うから幸福なのだ。

——アラン『幸福論』

その夜も、バー「アラン」では
ひとりの若者とマスターの、幸せをめぐる
人生談義が繰り広げられようとしていた。

バーのマスターは、
世界一美しいと言われた世界的大ベストセラー、
アランの『幸福論』やアランの言葉を基に、
人生に思い悩む若者にアドバイスを提示する。

バーの名前「アラン」は、『幸福論』のアランが由来だ。

バーのマスターの言葉は、
嘘偽りなく含蓄があり、強くあたたかい。
具体的でいて、なおかつ、
誰でも今すぐに実践できるものばかりだ。

なぜなら、それは、マスター自身も
アランの『幸福論』に救われた経験があるから。

マスターのアドバイスは、
すぐに変化を求めがちな若者からも支持が厚い。

さあ、あなたも若者と一緒に
バー「アラン」へ足を踏み入れましょう。

世界一の『幸福論』が教えてくれた
明日がもっと幸せになる方法

1章

不幸をつくるのも、育てるのも自分

2章

幸せをつくるのも自分

3章

自分が幸せになると、まわりも幸せになる

4章

幸せになるコツ

都会の喧騒《けんそう》の中にぽっかりと、そこだけ忘れられたような古びたれんが造りのビルがある。わたしは小さな紙切れを片手に、地下への階段を降りていった。

「バーアラン」と小さく店名が記されたドアを押し開け、わたしはほの暗い店内に目をやった。人が10人も入ればいっぱいになってしまうようなカウンターの中で、グラスを磨いていた初老のバーテンダーがふっと顔をあげこちらを一瞥《いちべつ》した。

バーに入るとわたしは一番隅のカウンターの丸椅子に腰かけた。カウンターは上質な木製でよく磨きこまれていた。椅子はどこか外国製のものだろうか。見るからに上質なえんじ色のビロードが貼られていた。

猫背気味で少しくたびれた紺色のスーツを着たわたしは、バーの雰囲気にはとてもそぐわなかった。なんとなく落ち着かない。そわそわした心持ちでふとまわりを見渡すと、今そのバーには自分とマスターしかいなかった。

目の前にいるマスターは、先ほどと同じくカウンターの中でグラスを磨いている。グレーのよくなでつけられた髪に上品な髭をたくわえ、フォーマルなベストに白いシャツを合わせ、ピシッと蝶ネクタイをしめた姿はいかにもジェントルマンだ。眼鏡が一層知性的で上品さを演出している。

なにか注文しなくては——。わたしはカクテルに詳しくないし、注文の仕方もよくわからなかったが、昔なにかのドラマで見たのを思い出し「マルガリータを」とだけ告げた。マスターは静かにうなずくと、リキュールを棚から取り出して慣れた手つきで調合し、シャカシャカとシェイカーを振り始めた。店内にはシェイカーを振る音だけが響き渡っていた。わたしはただ黙ってマスターの手元を見つめていた。

しばらくして、マスターからすっと差し出されたカクテルをわたしは慣れない手つきで受け取った。ひとくち飲むとアルコールが身体全体にしみわたる。大きなため息をついて、グラスをカウンターに置くと、意を決して、わたしはマスターに話しかけた。

1章

「不幸をつくるのも、育てるのも自分」

ものごとが
うまくいくから
幸福なのでは
ありません。
幸福だから
うまくいくのです。

うわさのバー「アラン」

わたし　やっと伝説のマスターにお会いすることができました。**マスターと話をすると誰でも幸せになれる**と聞き、知人に無理を言ってこの店の住所を教えてもらったんです。マスター、教えてください。こんなわたしでも幸せになれますか？

マスター　そうですか。わたしを探して来られましたか。そんな噂が広まっているとはね。まあまあ、そんなに深刻そうな顔をしないでください。

あなたの質問への答えですが、人は誰でも幸せになれます。もちろん、あなたも。それにしても「こんなわたしでも」とは、ずいぶん自信がないんですね。

わたし　そうなんです。自信なんてまったくありません。仕事はうまくいかないし、プライベートはトラブル続き。なにをやっても裏目に出るし、これはと思っても長続きしない。どうしたらいいのかわからなくなってしまいました。

マスター　これまで、幸せになるためにいろいろと悪戦苦闘してきたようですね。それがいい方向に作用しなかったということでしょうか。

わたし
「これを読めば人生が変わる」とか、「こうすれば幸せになれる」といったたぐいの本はいろいろ読みましたし、自己啓発セミナーに参加したこともあります。そうやって学んだことはすぐ実践してみたのですが、うまくいきません。

マスター
どうやらわたしは、自分から進んで不幸になる道を選んでいるようです。

わたし
おやおや、ずいぶんネガティブな結論にたどりついてしまいましたね。**大丈夫、誰でも幸せになれるんですよ。**

マスター
いろいろな本を読んだり、話を聞いたりしてきたので、自分の考え方や行動を変えると幸せになれるというのはよくわかるのですが、なかなか自分を変えられなくて。きっとわたしは、幸せになる勇気もないのでしょう。

幸せになるためとはいえ、**それまでの生き方を大きく変えるのは、誰にとっても難しい**ものなんですよ。あなただけがダメなわけじゃありません。

どうしても自分と他人を比べてしまう

わたし
わたしは変わることができませんでした。どうしても自分と他人を比べてしまうし、誰かに認められたいと思う気持ちが表面に出てきてしまいます。親しければ親しいほど相手の幸せがうらやましくなってしまうし。世の中には仕事だけでなく、プライベートもうまくいっている幸せな人がたくさんいますが、みんなわたしとは人間の中身が違うんでしょうね。

マスター　あなたは「**ものごとがうまくいくと幸福になる**」と思っているのですか？

わたし　それはそうでしょう？　ものごとがうまくいったら気持ちがいいし、お金も手に入る。そんな状態を幸せと思うのが普通ではないのですか？

マスター　そう思う人が多いようですが、それは大きな勘違いです。「ものごとがうまくいくから幸福」なのではなくて、「**自分が幸福だから、ものごとがうまくいく**」のです。そこを間違えてはいけません。

わたし　自分が幸福だから、うまくいく？

マスター　恋愛や結婚はもちろん、仕事でも事業を起こすときでも、**幸福な人に、人は惹《ひ》かれて集まるものです**。ひとりだけの力で成功することなどないし、どんな成功も人の助けがあってはじめて実現するもの。これは、成功した人なら誰でも知っていることなんですよ。だから、**まわりに人が集まるというのは、成功の**

わたし　**重要なファクターなのです。**まわりに人が集まることで、幸福な人はますます幸福になります。したがって、そういう人だけが成功するんです。

マスター　自分が幸福だとまわりもうまくいく。そして、まわりがうまくいくから、ものごとがうまくいくということですか？

わたし　そうです。なにごとも成功したから幸福なのではなく、幸福だから成功するのですよ。だから、幸せになりたかったら、まず自分が幸せになること。それが幸せになるための第一歩です。

マスター　そんな！　それだとわたしはずっと幸せになれません。幸せじゃないんですから。そのためにマスターに会いに来たんですよ。

「どんなときでも、すぐ幸せな気分になれる」

わたし　まあまあ、そんなに気を落とさずに。幸せになるといっても気分だけでいいんです。それなら誰でもすぐになれますよね。あなたもすぐにね。なんなら、今すぐにでも。

―わたし　えっ、そんな……。マスターに会って、まだ数分ですよ。そんな短時間で幸せな気分になんてなれるわけないじゃないですか？

―マスター　たとえば、自分で「もうダメだ、倒れそうだ」と思えば、やがて倒れてしまいます。**なにごともできないと思えば、本当になにもできません。**「どうせ期待したって裏切られる」と思えば、本当に裏切られます。念のためにお聞きしますが、あなたは、本当に幸せになりたいのですか？

―わたし　もちろんです。そのために、ここに来たんです。

―マスター　だったら、肩の力を抜いて少しリラックスしてください。それから、その深刻な顔をやめて、ちょっと笑ってみてください。

―わたし　（ぎこちない笑顔）こんな感じですか？

―マスター　それでいいんです。これであなたにも幸福が近づいてきましたね。

―わたし　うーん、なんだか狐につままれたような感じです。幸せになっている実感はまったくありません。それより、わたしがどれだけ不幸なのか、少し話を聞いてもらえませんか？

―マスター　かまいませんよ。あなたの話をじっくり聞かせてください。

大げさに考えると
不幸は勝手に
育っていきます。

憧れの上司から見放される

わたし　マスターは「誰でも幸せになれる」と言いますが、どう考えても不幸の星の下に生まれた人間というのがいると思うんです。わたしも、そのひとりだと思っています。

マスター　それはあなたの思い込みです。**不幸の星の下に生まれる人間などありませんよ。**人間は誰でも幸せになれるんです。もちろん、あなたも、です。とにかく、今あなたが抱えている不幸について、全部話してみたらどうですか。

わたし　わたしが自信をなくしてしまった理由は、性格的なことも含めて、いくつかあります。まずは職場のことからお話ししましょう。じつは、とても尊敬している上司がいるのですが……。その人はわたしの憧れの人で、目標でもある、本当に尊敬できる人です。その人が会社にいたからこそ、わたしはこれまで頑張って仕事をしてきたと言ってもいいくらいです。

その人は、明るく社交的で、仕事もでき、部下にも優しく接する、社内でもとても評判のいい方です。去年、会社の人事異動で、その人がわたしの直属の上司になりました。一緒に仕事ができることの喜びで、いつもはテンションの低いわたしが、**今までにないくらいやる気を出して仕事に打ち込みました。**

そんなわたしに、ときには優しくアドバイスをしてくれたり、ミスをしても愛情ある言葉をかけてくれたりなど、人として上司として、わたしはますます信頼し、尊敬していたのですが……。

マスター─「いたのですが……」と過去形ということは?

わたし─そうなんです！　わたしは憧れのその上司に見放されてしまったのです。

マスター─なにか大きなミスでもしてしまったのですか?

わたし─それが、これといった理由が思い浮かばないのです。この数カ月、以前のように接してもらえないと言いますか、会話も、最低限の事務的なことばかりで、アドバイスなどもまったくもらえないですし、あんなに優しかった上司が、ムスッとしているというか、**わたしに対してだけ冷たい態度をとっているようで**……。きっと上司の期待に応えられないわたしに、愛想が尽きたのでしょう。おかげで、あまり仕事に身が入らなくなってしまいました。

今の状況をありのまま受け入れる

マスター　なるほど。いいですか、よく聞いてください。人間は、ものごとが今の姿ではあってほしくないと願うと、心が苦しくなってしまいます。「こんなはずじゃない、本当はこうなるはずだ」と期待し続けると、ますます苦しくなるものなんですよ。

　まずは、**今の状況をありのまま受け入れて**、冷静にその上司との関係を見つめ直してみてはどうですか？　そもそもその上司は、あなたに対して、本当に冷たい態度をとっているんですか？

わたし　いや、しかし……、この数カ月、明らかに態度が違っています。

マスター　もしかしたら上司はこの数カ月間、仕事のし過ぎで疲れていたのかもしれませんよ。あるいは、接待が続いて、お酒を飲み過ぎて胃がムカムカしていたり、寝不足だっただけかもしれません。

　別にたいした理由がないのに、身体の調子が悪くて、気分や機嫌が悪くなることも多いものです。上司の態度が素《そ》っ気《け》ないからといって、あなたを見放していると結論づけてしまうのはあなたの過剰な思い込みかもしれませんよ。**ものごとを考え過ぎたり、大げさにとらえると、不安はどんどん募《つの》っていく**ものですよ。

わたし　そうでしょうか。わたしにはそうは思えないんですが。

マスター　憧れの上司だからこそ、ついつい考え過ぎて不安になってしまったのではないですか？　想像力がフィクションをつくっていくと言いますか、**人間は、実際はありもしないことで勝手に不機嫌になっていくことがよくあります。**

わたし　わたしが自分で勝手な想像を膨《ふく》らませて不安をつくりだしている、と？

マスター　そうです。ほんのわずかなことでも、大げさに考えれば、本当に大ごとになってしまうものです。頭を冷やして、大げさに考えないことが、あなたには一番必要かもしれませんね。

ほんものの不幸と思い込みの不幸

マスター　ところであなたは、**不幸にはふたつの種類がある**ことを知っていますか？

わたし　え？　不幸は不幸でしょう？　不幸に種類があるのですか？

マスター　不幸には「ほんものの不幸」と「不幸になる深刻な理由がないのに、自分で不幸だと思っている不幸」のふたつがあるのです。「ほんものの不幸」は、愛する人が亡くなる、不治の病で死を宣告されるなど、**自分でどうすることもできない不幸**のこと。

もうひとつが「**思い込みの不幸**」とでも呼ぶべきもので、自分で勝手に不幸を育て、「自分はなんでこんなにも不幸なんだ」と思い込んでしまう不幸のことです。じつは、**世の中の多くの人たちが、この「思い込みの不幸」にとらわれているんです**。そして、今のあなたも。つまらないことを大げさに考えて、自分で自分を不幸にしているんです。

ところで、あなたは、人はなぜ自分を不幸だと思ってしまうのだと思いますか？

わたし　**悲しいと感じるから**ですか？

マスター　そうです。人間は悲しい、悔しい、怖いなど、情念に支配される生き物なんです。情念というのは、人の心の中にある理性では片付けられないもので、これがクセモノです。わたしは、**人が自分を不幸だと思うことの根本が、この情念にある**と考えています。

わたし

急に話が難しくなりましたね。もう少し、わたしにもわかるように話していただけませんか？

マスター

そうですね。少し解説してみましょう。

不幸の原因はなにかのせい？

マスター

では、**自分が不幸だと思うとき、その原因をなにかのせいにしていることはありませんか？**　たとえば、仕事がうまくいかないのは誰かのせいだとか、不景気なのは政治が悪いからだとか、いろいろな理由を見つけて。「○○が△△だから、自分は不幸なのだ」と思うことは、誰にでもありますよね。そのように、自分が苦しいと思う理由を見つけてしまうと、ムスッとしているとか、アドバイスしてくれないとか、ほんのささいな理由が押し寄せてきて、ますます

わたし　不愉快になるものです。心当たりはありませんか？
自分が苦しい思いをしている理由をなにかのせいにしていると、どんどん苦しくなって、自分で不幸を育ててしまう、というのですね。でも実際、わたしは上司には見放されたのです。それを自分勝手な思い込みだとマスターはおっしゃるのですか？

マスター　そうです。**自分で勝手に不幸になって、「なんて自分は不幸なのだ」と思っているのです。**そういう気分に自分をまかせていると、ますます悲しくなって、あなたのように、「不幸の星の下に生まれた人間なんだ」と思ってしまうのです。

わたし　う〜ん。なんか納得できません。

マスター　まあ、はじめはそう感じるかもしれませんね。ゆっくり話していきましょう。

負の感情は自然に
わいてきません。
自分で勝手に
つくっている
ものなのです。

感情は自分が勝手につくるもの

わたし　ではまず、素朴な疑問からお伺いしてもいいですか？　わたしは上司の態度から見放されたと思い、不安になり、悲しくなりました。このわいてきた感情はどうすればいいんですか？

マスター　自分の気分や感情にだまされない。ただそれだけです。

わたし　え？　わたしは自分の心から自然にわいてくる感情にだまされていると？

マスター　そうです。あなたは自分の感情や気分にだまされています。

わたし　うーん、ますます頭が混乱してきました。

マスター　問題はそこなんです。誰もが自分の感情は自然にわいてくるものだと思い込んでいます。しかし、**感情は自然にわいてくるのではありません。自分で勝手につくっているのです。**

わたし　感情を自分で勝手につくっている？

マスター　たとえば、あるレストランで食事中に、ほかの客が「サラダにミミズが入っている」とウェイターに怒っていたら、どんな気分になりますか？

わたし　すぐに食べるのをやめて、自分の料理を注意深くチェックするでしょうね。

マスター　でも本当は客の見間違いで、パスタがミミズに見えただけだったとしたら？

わたし　そうであっても、自分のサラダを食べる気は失せますね。なんとなく、サラダの中にミミズがいるのを想像してしまいますから。

マスター　それです。あなたがサラダの中にミミズを想像して気持ちが悪くなり食べる気が失せるように、**人間の感情は想像力から生まれるのです。**

わたし　そう言われると、ミミズがいると言われただけで食べられないのは、わたしの想像力が働いたせいだとは思いますが……、う～ん……？

マスター　みんな、**感情は自然にわき起こってくるものだと思い込んでいるから、自分の感情を疑ってみることをしないんです。**だから、想像にまかせてあれこれ考えた結果、自分自身でさまざまな理由を見つけてしまい、どんどん不安になったり、悲しくなったり、いら立ってしまったりするのです。

犬や猫には高所恐怖症はない

マスター　まだ納得できないようですね。では、たとえを変えましょう。あなたは高い所は平気ですか？

わたし　いえ、わたしは高所恐怖症ですから、とても苦手です。

マスター　高層ビルの高層階にいても、窓の内側にいるのであれば、落ちる心配はありませんよね。それがわかっているのに、どうして怖くなるんですか？

わたし　足がすくむというか、単純に怖いと感じるからです。

マスター　自分がそこから落ちていく姿を想像しているのではありませんか？　そう考えると心臓がドキドキして、ますます怖くなってパニックになります。**心臓がドキドキするのは、身体が発する「怖がれ！」というシグナルの結果です。**

わたし　怖いからドキドキするのではなく、心臓がドキドキするから怖くなる？

マスター　そうです。心臓がドキドキして身体がゾクゾクするから怖くなる。原因は心臓のドキドキで、怖いという感情はその結果に過ぎません。ところが、怖いから

わたし

心臓がドキドキするとみんな勘違いしています。**結果を原因と思い込んでいるわけです。**本当のことに気がつかないで、怖いのはただ感情のせいだと決めつけています。

落ちる姿を想像しなければ、心臓がドキドキすることもなく、恐怖感も不安も生まれません。しかし、想像したとたん、ドキドキしてしまう。考えれば考えるほど恐怖が募ってしまう。そして恐怖に身をまかせていると、身体がすくみ、心が縛られて動けなくなってしまいます。**こうやって想像力が私たちの身体を支配してしまうのです。**

マスター

想像しなければ怖くなることもないということですか?

犬や猫を高層ビルの展望台に連れて行っても、こんなことは起こらないでしょう。なにかを想像するだけで心臓がドキドキしてしまうのは、想像力を持った人間だけに与えられた危険な特権です。

悩み始めたら妄想を振り払う

マスター　たとえば、緊張すると、身体がコチコチになったり、顔が熱くなったり、唇が乾いたり、うまく言葉が続かなくなったりしますよね。これも同じことです。**うまくいかなかったらどうしようとか、叱られたらどうしようとか、いろいろと考えるから緊張してしまう**のです。

普段ならテキパキと行えることも、心臓がドキドキしたり、身体がコチコチになったりするとうまくいきません。それで焦ってしまい、ますますパニックに陥ってしまう……。でも、よけいなことを想像しなければ、そんなことにはなりません。だから、ムダな想像力をかき立てて、恐怖を育ててはいけないのです。

わたし　たしかにそう言われると、ひとりであれこれ想像してしまうことで、逆に追い込まれてつらくなっていくような気がします。

マスター　とにかく、**悩み始めたら、想像力がつくり出す妄想を振り払うこと。**そうしな

わたし　いと、ますます悩みが深くなってしまいますから。それに、そういう妄想をやめないと、そのうちに、まわりの人たちも巻き込んでしまうことになります。

マスター　**自分の妄想が、自分だけではなく、まわりまで巻き込む**んですか？

わたし　不安になったり、不機嫌になったりすると、たちまちそれが顔に表れ、まわりに伝染してしまうのです。

たとえば、あなたが怪我をした人の傷口から流れる血を見て恐怖を感じたとします。するとまわりの人は、あなたの表情で、あなたがなにを見たのかがわからなくても、**想像力を働かせて「なにかとても怖いものがそこにあり、それを見たのだ」と恐怖を感じ取ります。**不安も同じです。顔に表れると、それが相手に伝染し、相手も不安になってしまうのです。

マスター　わたしが想像してつくった不安が顔に表れ、それを上司が感じ取って、ますます関係がギクシャクしていったのかもしれない、ということですか？

わたし　そうです。相手に不安な顔をされたら、誰だって愉快な気分じゃないでしょう？　そういう人にはあまり近づきたいと思わないですよね。人に避けられる原因は自分で勝手につくってしまっていることが意外とあるものです。

わたし　なるほど。

マスター　暗いオーラを発することで相手に避けられ、さらに不幸な気持ちになってしまうという流れは、自分ですっぱりと断ち切らないと。繰り返しますが、**幸福になろうと思ったら、わずかなことで想像をたくましくさせてはならない**のです。想像をたくましくすればするほど、妄想を育ててしまいますから。

わたし　わたしは性格的に、ついつい考え過ぎてしまうタイプのようです。こればかりは、たぶん直せないような気がします。

マスター　ちょっと憂うつになったり、イライラしたりすることは誰にだってあることです。だから、必要以上に考えないことですね。気分にまかせていると、どんどん不幸を育ててしまいますよ。

　感情は、想像力で高まっていくものです。感情の言う通りにしていたら、こんな気持ちになったのはあのせいだ、と、いくつも理由を見つけてきては、自分で不幸をつくり出すことになってしまいます。**そうならないようにするには、自分の感情をつねに疑ってかかること**です。

悲しみには
抵抗しなければ
ならないと、
自分に言い
聞かせることです。

5年間つき合った彼女との別れ

わたし
マスター、わたしが不幸の星の下に生まれたと思ったのには、ほかにも理由があるんです。じつはこのことがいちばん大きな理由で……、プライベートで、とてもつらいことがあったんです。わたしには、結婚するつもりで5年間つき合っていた彼女がいました。ですが先月、突然、**彼女から別れを切り出されてしまったん**です。

マスター
思い当たることはあったんですか？

わたし
このところ、仕事も忙しく、仕事や上司のことで悩んでいましたから、なかなか会えないこともありましたが、もう5年もつき合っていますし、お互い、仕事のことも含めて尊重していたつもりでした。それがどうも彼女の様子がおかしくなってきて、やっと会えたときにも、頻繁にスマホばかりいじって誰かとやりとりしているんです。彼女も仕事熱心ですし、きっと仕事関係でのやりとりだとは思うのですが、ついつい浮気を疑ってしまって……。それが原因でうまくいかなくなってしまいました。わたしが悪いんです。でも、5年もつき合ってきて急に別れを切り出されるなんて、もう心が折れてしまいそうで、悲しくて悲しくて……。

マスター　大事なものが壊れてしまえば、誰でも悲しくなります。でも、そんなことはわかりきっていることです。だから**今こうして悲しんでいることに、ことさら驚いたり、不機嫌になったりしてはいけません。**それでは、どんどん悲しみが募るだけです。

わたし　悲しんでいても仕方がないのはわかっているんですが、悲しみが止まらなくて……。

「悲しみにひれ伏してはいけない」

マスター　あなたのように、憂うつな気分に身をまかせている人たちは、**まるで飢えたライオンのように自分の悲しみを食べ尽くしてしまいます。**そうやって悲しみにふけっているうちに、家を覆い尽くすツタのように、**不幸があなたをがんじが**

らめに縛りつけてしまうことになりますよ。心がくじけそうなときこそ、悲しみや怒りを黙らせなければいけません。

わたし　そう言われても、やはり悲しいものは悲しいです。

マスター　**涙が出そうになると、気持ちがたかぶって冷静に考えることができなくなります。**そんなときこそ気をつけなければなりません。ついつい悲劇のヒロインを演じて、ますます悲しみを育ててしまいますから。

悲しみにひれ伏してはいけないのです。人は悲しみにひれ伏してしまいがちになるものですが、**悲しみにはとことん抵抗しなければなりません。**そのためにはまず自分に、「悲しみは崇高なものでも、美しいものでも、役に立つものでもない」と言い聞かせることから始めなければなりません。

悲しみに身をまかせていると、悲しいことばかりを考えているうちに、悲しみに翼がはえて、勝手に空高く舞い上がり、嘆きへと変わってしまいます。そんな翼はもぎとってしまわなければなりません。心がくじけそうなときこそ、感情に身をまかせるのではなく、**悲しみや怒りを、自分の意志で黙らせなければならない**のです。

わたし
マスター

わたしにできますか？　もしできなかったらどうなってしまうのでしょうか？

悲しみや怒りを黙らせないと、次は絶望が襲ってきます。あれこれと悲しみをいじくり回して、怒りや悲しみのタネを引っ張り出しているうちに、「どうしてこんなに自分を抑えられないのだろう」「どうして同じことを何度も繰り返すのだろう」と、後悔と自己嫌悪が生まれてきます。そして、「いつまで経ってもつらい毎日から抜け出せない」と自分を追い込んで絶望してしまう……。

そして、**恐ろしいことに、絶望がどんどん悪化して、最後は「もうどこにも希望はないんだ」と思い込ませてしまいます。**

悲しみに浸っては
いけません。
悲しみは病気だと
思えば、すぐに
抜け出せます。

悲しみの理屈や理由をあれこれ考えない

わたし　悲しみをそのままにしておくと絶望に行き着くのか……。

マスター　そんなに思い詰めた顔をしないでください。大丈夫。**すべては変化し、すべては過ぎ去っていくもの**です。そして、すべてが変化するということは、今の苦しみも、過ぎてしまえば、喜びがめぐってくるということです。

わたし　え？　どういうことですか？

マスター　どんなに悪い出来事にも、かならずなにかよい面が少しはあるということ。苦しんでいる人は、そうではない人から見ると不幸としか考えられない状態に直面していても、それをすばらしい幸福のようにも考えられるものなのです。

わたし　このままつらい毎日が、ずっと続くと考えるから絶望してしまうということですか？

マスター　そうです。そしていったん絶望すると、その気持ちが居座ってしまって、「もうだめだ」とさらに深みにはまる。そんなとき、**自分が悲しい気分でいると、**

家族や友だち、自分を愛してくれる人たちをつらくさせてしまうことに気づくべきです。いつまでも悲しみに身をまかせ、自分の人生をのろっていてはいけないんです。

わたし　じゃあ、悲しみが過ぎ去るのを、ただじっと待っていればいいのですか？

マスター　まずは悲劇のヒロインのようにしくしく泣くのをやめて、自分にこう言い聞かせましょう。「自分は悲しい、なにもかも暗く見える。でもこれは誰のせいでもなく、いろいろな出来事とも関係ない。ただ、病気のせいだ」と。

わたし　悲しみを病気だと思えばいいんですか？

マスター　そうです。**理屈や理由をあれこれ考えないで、病気として我慢すればいい**のです。気分や気持ちをメンタルなこととして考えると、ますますつらくなってしまいます。不眠が続けばイライラするし、お腹がすくと不機嫌になる。胃がしくしく痛くなればムシャクシャしてくるし、肩がこれば頭痛が起きる。このように、気分はもともと身体の状態から生まれてくるものです。ならば、**悲しみという気分を、その原因になっている身体の中に押し戻してしまえばいい**んです。

悲しむクセをつけない

わたし
う〜ん、そういう考え方もあるのか……。気分の原因が体調にあるなら、そのときどきの気分の原因をあれこれ考えるよりも、原因そのものを身体に戻して、たとえば、体調をよくするような運動をしたりすればいい、と。

マスター
その通りです。**身体の状態がよく、ぐっすり眠ったあとは、誰でも精神は爽やかになり、仕事も簡単にできると感じますよね。**難しい仕事でも、「よし、やってやろう」という気持ちにもなるものです。そういう状態が幸福なのです。

だから、いろいろ理屈や理由を考えたりせずに、病気として我慢すればいいんです。心の痛みをお腹の痛みと同じだと思えば、他人からの嫌な言葉も忘れられるし、いちいち気に障《さわ》る態度も気にならなくなるものです。なにか大事なものを失ったり、誰かに裏切られたりした痛みよりも、胃の痛みのほうがずっとマシじゃないか、と考えると、気持ちがスーッと軽くなります。そのうちに心が休まり、**気がついたときには、悲しみに打ち克つことができるようになり**

ます。

わたし―そういうものですか。では、早くこの心の痛手から抜け出すには、なにをすればいいのでしょうか？

マスター―チーズが嫌いな人は、どんなに上等なチーズにも手はつけませんよね。それは、「自分がチーズを好きになることなんてない」と思い込んでいるからです。

わたし―どういうことですか？

マスター―**悲しみに浸っている間は、自分には楽しいことなどありえない、と思い込んでいる**ということです。一度でも絶望を味わってしまうと、思い込みが確信に変わり、希望など持てないと固く信じてしまいます。

わたし―不幸グセがついてしまう？

マスター―**悲しむことがクセになると、悲しみをやめることを考えなくなるものです。**つねに悲しんでいると、それが習慣になってしまうのです。

わたし―愛煙家が禁煙できないようなものですか？

マスター―愛煙家はいつもタバコを吸っているから惰性で吸ってしまい、吸うとまた吸いたくなる、という悪循環の中にいます。しかし、吸いたくなる最初の理由はささいなことです。ですから、その段階で吸うのをやめようと決心すればわりと簡単にやめられます。禁煙という習慣に自分を従わせて、タバコを口にしないでいれば、タバコのことなど考えなくなります。

自分を好きになって自分と仲良くする

マスター　禁煙と同じように、いったん悲しみに浸ることをストップすれば、それが習慣になります。奈落の底に飛び込むように、**自分からわざわざ不運に突っ込んでいくよりも、自分の意志の力を使って自分を慰める努力をしたほうがずっといい**。そうすれば、自分が思っていたよりも、ずっと早く元気になれるものです。

わたし　わたしは、自分で自分を責め過ぎていたということですか?

マスター　悲しいときほど、自分にとってかけがえのない友に、自分自身がならなければいけないんです。**少しは自分を好きになって、自分と仲良くすることです。**

わたし　たしかにわたしは、自分を嫌いになっていました。

マスター　もし、あなたの友だちがブツブツ不満を漏らしていたら、きっとあなたは友だちをなだめて、ものごとを別の角度から見るように慰めますよね。でも自分がそういう状態にあっても、なぜか自分自身をなだめようとはしない。こういうときこそ、**自分を責めるのではなく、自分の弁護をしてあげることです。**自分を責めずに、自分を励まして、自分を楽しくさせてやればいいんです。

わたし　どうやって自分を楽しませればいいんですか?

マスター　その気になれば、楽しいことはいくらでもあるでしょう。好きな音楽を聴くのもいいし、コンサートやライブに行ったり、映画を観たりしてもいい。友だちと飲みに行ってもいいじゃないですか。**ただ、じっと悲しみに耐えようとするからどんどん苦しくなるんです。**自ら動いて、楽しいことをやってみる。そこから生まれる楽しさが、憂うつな気分を吹き飛ばしてくれます。

わたし　あっ、そんなことでいいんですね。

後悔は過失を二度繰り返すこと

マスター　難しく考えなくていいんです。眠れない人が、あれこれ考えて眠ろうとしないのと同じで、悲しみに暮れている人は、「なにか楽しいことをしてみよう」なんて思いもつかない。**悲しみは、なんの役にも立たないですし、むしろ、害のほうがずっと大きい**ということに、早く気づくことです。

わたし　彼女とのことを思い出すと、どうしてもたまらなくなってしまって……。

マスター　人間は**過去に思いをめぐらすと、いたずらに後悔のタネを探し求めるクセがあります**。いったん後悔のタネ探しを始めると、どこかに見落としたものがなかったかと、まるで檻の中のライオンのように、あちらこちらを何度も繰り返して探し歩いてしまうのです。

でも、その道はすでに通った道でしかありません。その道を通ってきたからこそ、今この場所にいるわけですから、**すでにそうなっていることを後悔するのは、過失を二度繰り返すことでしかありません**。いちばんいいのは、なってしまったことを、それはそれとして受け入れて、なんとか埋め合わせをすることです。なってしまったことに焦って挽回しようとジタバタしないことです。

わたし　わたしが「浮気したのでは？」と彼女を疑ったから、別れることになってしまった、なんてウジウジ考えることがいけない、と。

マスター　そう。彼女が浮気したどうかは関係ないんです。彼女が浮気をしたのだと思ったことが問題なのです。それはあなたの妄想がつくり出したフィクション。**自分でつくり出したフィクションを思い描いて、勝手に不機嫌になっているだけ**のことですから。

わたし　たしかにフィクションといえばそうですが……。

マスター　**あなたは心の中で、彼女の浮気を疑った自分のあやまちを認めたくないと思っているんです。**今ごろは浮気相手と一緒に楽しくやっているんだ、なんて妄想を膨らませてしまい、「だから彼女が悪い」と妄想し始めた瞬間に、どんどん腹が立ってきて、自分がみじめになっていく。

わたし　……。

マスター　みんな、過去を考えては後悔し、未来を思ってては不安になり、自分で自分を苦しめているんです。しかし、過去はもう存在しないし、未来はまだきていません。**過去も未来も、自分が考えるときにしか存在しないもの**なんです。耐えなければならないのは、今だけ。だから、自分の妄想で勝手につくり出した過去がうるさくつきまとうのを黙らせなければいけないんです。

「いい職業」が
あるのでは
ありません。
腕を磨けば、
それが自分の
天職になるのです。

今の仕事がおもしろくなるように努力してみる

わたし　仕事がうまくいかないのも、自分で不幸を育てているからでしょうか？　そもそもわたしは、今の仕事が向いていないと感じています。希望通りの仕事に就けていたら、きっと自分の人生も変わっていたはずじゃないか、と。

マスター　自分がやっている仕事に不平を言ってしまうと、毎日が地獄になってしまいますよ。

わたし　でも、上司との関係もありますが、最近のわたしはツイてないことばかり起こって、自分の運命をのろいたいほどなんです。

マスター　悪い運命などありませんよ！　**自分でよいものにしようとすれば、どんな運命でもいい運命になります。**自分の仕事環境や生活環境は、自分で変えようとすればいくらでも変えられるのですから。

わたし　しかし、働きたい部署は自分では選べないし、自分ではどうすることもできません。

マスター　そういう不平不満を言っているうちは、会社だってあなたの希望を叶えようとはしてくれないでしょうね。今やっている仕事に身を入れられるようになってはじめて、会社はあなたの能力を認めてくれるものです。たとえば上司からは、不平があるスタッフは仕事の邪魔とみなされるし、反対に、与えられた仕事を一生懸命に行うスタッフに対しては、いずれ本人のやりたい仕事をさせようと思うものですよ。

「こんなはずじゃなかった」と**自分の力ではどうにもならないところをつつき回して、「これが自分の運命なんだ」と嘆くのは、すぐにやめるべき**です。すべてを自分がコントロールできるものではありませんからね。まずは、すべてを自分自身の力のせいにするのではなく、今の仕事を肯定的に受け止めるべきです。

わたし　たしかに、すべて自分で決められるはずだと勘違いしていたところがあったのかもしれませんが……。

マスター　ほかにいい職業があると思うから、今の仕事がつらくなる。それよりも**今の仕事がおもしろくなるように努力してみること**です。生きる術《すべ》とは、なによりも

わたし　まず、自分のやっている職業について、決して自分からは文句を言わないことにあるんです。

わかってはいますが、向いていない仕事を肯定的に楽しくやるのは、なかなか難しいですよね。

「**仕事が向いているかどうかは真剣にやらなければわからない**」

マスター　いいですか、しっかり聞いてくださいね。「いい職業」なんてものを夢見るのはやめて、今やっている仕事に身をゆだね、できるだけうまくできるようにすること。そして、それを**一生懸命続けることで、腕が磨かれ、自分の自慢の仕事になる。やがて、それが天職になる**んです。

わたし　天職って、その人が持って生まれた才能や性格、適性などで決まるものでは？

マスター　違います。最初から決まったものではなく、自分で仕事の腕を磨いていくことで天職になるんです。絵描きだって、毎日キャンバスに向かって描き続けていくことで、うまく描けるようになるし、野球選手だって同じです。天才と呼ばれる人は、みんな、自分で仕事の腕を磨いてきたからこそ、信じられないようなプレーができるようになったんです。それを見て、人は「あの選手は天才だ」と言うのです。

　どんなことでも、たとえ遠くから見ているときは面倒でつまらなそうでも、まず自分がその中に飛び込んでやり始めることです。我慢して一つひとつ覚えていくうちに、だんだん学ぶことが楽しくなっていくものなんですよ。

わたし　仕事に向いていないと思っていることも、自分の勘違いだ、ということですか。

マスター　なにごとも勝手に自分で決めつけないことです。**今の仕事が自分に向いているかどうかは、真剣にその仕事に取り組んでみなければわからないこと**ですからね。真剣に取り組む前に、その仕事が自分に向いていないと考えるのは、勝手な思い込みというものです。

わたし　それも思い込みなんですか。

マスター　たとえば、パクチーが嫌いな人は、自分の口に合わないと勝手に思い込んで、少しも食べようとはしません。やりもしないで、これは自分に向いていないとか、口に合わないと言っていると、それが確信に変わり、頭からダメだと決めつけるようになってしまいます。

わたし
そういえば、苦手だと思っていたセロリが、あるとき意外においしいことに気づいたことがありました。

マスター
そんなものです。仕事だって同じです。日々の仕事に真剣に取り組んでスキルを上げていけば、それが自慢の仕事となり、天職になっていくものです。**本当に仕事を楽しみたいと思っている人は、自分から進んで学ぼうとしていますよ**。商売を始めたい人が簿記や数字の見方を学んでいたり、美容カウンセラーになりたい人が、生理学の基礎を学んでいたりね。そうやって知識を一つひとつ身につけていくことで、仕事はだんだん楽しくなっていくものなんです。

嫌なことを
我慢するよりも
進んで行うことで、
幸福の土台が
できます。

スキルと達成感が幸福のコツ

わたし　わたしは入社してもう10年になります。今からでも変われるものでしょうか？

マスター　いいですか、自分で幸福をつくるにはコツがあります。その第一は、今まで話してきたように、**自分で不幸をつくり出したり、育てたりしないこと**。不幸を育てないことが幸福の扉を開くカギになります。そしてもうひとつが、スキルを身につけることです。

わたし　スキルを身につけることが幸福になるコツ？

マスター　たとえば、美容師の資格を取るのにも、まずは基礎的な知識を学ばなければなりません。最初は面倒でも、**我慢して一つひとつスキルを覚えていくと、そのたびに達成感が得られ、幸福を感じることができます**。それが、もっとスキルを身につけようという意欲につながります。

わたし　たしかに、実際に自分でやってみると、おもしろそうには見えなかったことでも楽しくなってくることはあります。じつは、わたしも夢のために、仕事とは別にある資格を取ろうと思って勉強しているのですが、知識が増えてくると、もっとスキルを身につけたいと思うようになりました。

マスター　それと同じです。最初は嫌だった仕事も続けるうちに楽しくなってくる。そうなれば、「今度はこんなことをしてみよう」などと、気持ちも前向きになってきます。最初から無理に期待せずに、**とにかく自分を信じて、嫌がらずに続けてやってみることが大切**なんです。

わたし　言葉では簡単ですが、そんなにうまくいくものでしょうか？　やっぱり途中で嫌になったりするのでは？

マスター　**まだなにも形になっていない仕事に対して、どんなに想像力を働かせようとしても興味は持てない**ものです。しかし、たとえば「ここまでやった」「ここまでやろう」という達成目標があれば、嫌になるどころか、どんどん楽しくなってきますよ。「昨日はここまでやった」と言える人は、「よーし、今日はここまで頑張ろう」と思えるからくじけないのです。次から次へと新しい希望や目標をつくっていけば、それに向かって進んでいくことができます。たとえ小さなことでも、自分の意志で始めてその成果を実感することで、どんどん前に進むことができます。**自分で始めた仕事というのは、いつも未来の幸福をはらんでいるんです。**

わたし

資格でも仕事でも、基本を身につけ、スキルを高めていけば、達成感が積みかさなっていって、楽しくなってくる、と。

「幸せは他人から与えられるものではない」

マスター

人は、なにかを成し遂げた満足感や達成感を味わったときに幸福を実感するものです。ですから、それが期待できそうなときには、もうその人はすでに幸福を持っていると言えるのです。

わたし

期待できるだけで幸福が得られる？

マスター

まだ資格は取れなくても、日々、努力してスキルを身につけていくことで、かならず資格が取れると希望を持つことができます。それが幸福な気持ちにつながると思いませんか？

わたし

たしかに希望が持てれば、幸福な気分になれますね。

マスター　「今日はここまでできたのだから、きっと明日はもっとうまくなれる」「もっとやれるようになる」と胸がワクワクする。こうして幸福を実感できるのです。

幸せは、自分でなにかをすることではじめて実感できるものであって、決して他人から与えられるものではありません。他人からプレッシャーをかけられたときより、自分で自分にプレッシャーをかけて働いている人のほうが幸福ですし、はるかに大きなことをやってのけますよ。**嫌なことを我慢するのではなく、自分から進んで行う。**これが幸福の土台をつくる基礎になるのです。

わたし　なるほど、幸福の土台づくりですか。なにをするにも自分の考え方次第なのですね。少しマスターのおっしゃることがわかり始めてきたような気がします。

マスター　それはよかった。ところでお手数ですが、あなたの脇にある紙ナプキンを取っていただけませんか？

わたし　これですか。はい、どうぞ。

マスター　ありがとう。今あなたは、その紙ナプキンを取るのに腕を伸ばしましたが、神経や筋肉に「腕を伸ばせ」と命令しましたか？

わたし　は？　いや、ただ取ろうとしただけですが……。

マスター そうですよね。誰も神経や筋肉にこうしろと命令して、なにかを始めているわけではありませんよね。**わたしたちの頭脳は、自分にものごとの進む方向を与えているに過ぎない**のです。

わたし わかり始めた途端に、煙に巻くような……、マスターのおっしゃっていることの意味がわからないのですが。

マスター これは、唐突でしたね。

流れに乗ってうまくやることが大事

マスター つまり、**自分がどんな職業に向いているかどうかは、じつはたいしたことではない**ということです。あなたがおもしろいと思うかどうかに関係なく、仕事は始まり、どんどん進んでいく。ですから、今やっている仕事とケンカをしないで、流れに乗ってできるだけうまくやることが大事なんです。**今の仕事に身を入れてやっていないから不平不満が出てくる**のです。それでは、いつまでたっても前に進めませんよ。

わたし　自分の仕事が向いていないと嫌っていては、仕事の流れに乗っていけない……。たしかに、今のわたしは足踏み状態ですね。

マスター　仕事がおもしろくないと不満を言うのは、たとえば、船が港を出る前に、どちらに舵を取るかを迷っているようなものです。船の舵は、船に推進力がなければ役に立ちませんよね。ですから、どのような方法でもいいから、まずは出発することが必要です。**出発して前へ進む推進力をつくり、それからどこへ舵を切ればいいのかを考えればいい**のです。

わたし　わかりました。あれこれ思い悩むよりも、わたしは今の仕事に一生懸命取り組むことから始めるべきなのですね。

仕事は報酬より
どれだけ楽しめるか。
仕事が楽しい人は
幸福です。

収入のいい会社に転職すれば運命が変わる？

わたし　今の仕事に真剣に向き合うことの大切さは理解しましたが、その前に、心に引っかかっていることがあります。それは、給料が安いことです。今後の人生を考えると、もう少し待遇のいいところに転職したほうがいいのかな、と。転職するなら、今じゃないかとも思っているのですが。

マスター　あきれましたね。お金のために転職を考えているのですか？

わたし　収入のいい会社に転職すれば、自分の運命も変わるのではないか、と思うんです。それがどんな仕事でも、お金のためになら多少の不満も我慢できそうな気がします。

マスター　本気で**たくさん給料をもらえれば、運命も変わる**と思っているのですか？

わたし　もっとお金があれば、好きな輸入雑貨や家具ももっと買えますし、今よりもいいマンションにも引っ越せますし、それに、運命も変わると思うんですが……。

マスター　そういう気持ちではお金に嫌われますよ。海外旅行に行きたい、いいクルマが欲しい、もっといいマンションに引っ越したいとか、なにかを手に入れる手段のためにお金を稼ごうと思っても、**お金は、すぐにお金を使ってしまう人を毛嫌いするもの**です。

わたし　お金から嫌われる？

マスター　自分の楽しみのためにお金が欲しい人は、本当に欲しいのは楽しみであり、**お金はそのための手段に過ぎないと思っています**。ですから、お金を稼ぐとすぐに自分の楽しみのために手放してしまう。よく、お金がなくなるまでブランド品を買いあさったり、遊び歩いたりする人がいますが、その人はブランド品や遊び歩くことを愛しているだけで、お金を愛しているわけではありません。**その人がしたいのは、好き放題にお金を使うことで、稼ぐことではない**。お金はそういう人を嫌いますから、決して近寄ってこないんです。

わたし　ならば、どういう人のところにお金は集まるのですか？

マスター　それは、お金を大切にしてくれる人のところです。お金を大切にする人は、むやみに散財したりしません。できる限り使わないようにしますから、どんどん貯まっていきます。

わたし　でも、誰だってお金持ちになりたいと思うのですが？

お金を使うことが目的だとお金は逃げていく

マスター　お金持ちには二種類のタイプがあります。
　ひとつは、稼いだ結果、一時的にお金持ちになる人。もうひとつが、お金を稼いだあともずっとお金を持ち続ける人。後者が、本当のお金持ちです。**お金を本当に愛し、敬い、大切に扱う人は、決してムダ遣いをしません。**お金のありがたみを知っていますから、本当に必要なものでなければ買わないのです。

わたし　ケチということですか？

マスター　ケチと言われても、自分のところに入ってきたお金を大切にして、ムダな出費はしない。お金は、そういう人のところに集まってくるのです。
　もしあなたが本当にしたいのが、好き放題にお金を使うことなら、お金持ちになれるとは思わないことです。お金持ちになりたいのなら、お小遣いは最小限にして、手放さないようにしなければなりません。お金持ちになりたいのになれなかった人の多くは、使うことに忙しくて、こんなシンプルなことがわかっていなかったのです。**自分は本当になにが欲しいのかをわかっていないのかもしれません。**

わたし　わたしは、今よりも少しいい給料ならいいなというくらいで、そんなに大金を望んでいるわけじゃないし、少しくらい嫌な仕事も、給料がよければ我慢できるかな、と思って……。

マスター　それでも**目的がお金を使うことなら、その我慢は実を結ばない**でしょうね。浪費し続ける限り、お金は逃げていくものです。しかも、いったん浪費する楽しさを覚えてしまうと、なかなかやめられない。その結果、もっと欲しいという不満だけがますます募っていきます。そのうちに、「なんのために、こんな嫌な仕事を我慢しながらやっているのだろう」と、自分を見失い、自己嫌悪に陥ってしまいます。

　目の前の仕事に身を入れないで、少しばかり待遇がいいからといって、ほかの会社に転職したいなんていうのはバカげた考えです。どうせ、そういう人は

わたし　給料が増えた分だけ使ってしまいます。そういうものですかね。

本気で欲しているものだけが手に入る

マスター　たとえば、お金もうけなどしたことのない作曲家が、なにかの理由でお金が欲しいと思っても、きっとその希望はかないません。なぜなら、作曲家は**本気でお金が欲しいと思っているのではなく、彼が本気で欲しているのは、美しい曲を書くことだから**です。本気で欲しているからこそ美しい曲はつくれます。作曲家にとって美しい曲をつくれた喜びは、それがどんな目的にしろ、お金を稼ぐ喜びよりもはるかに大きいはずです。

わたし　そうですね。本当にやりたいことには本気になれますからね。

マスター　そうです。少しはわかってきたようですね。仕事が楽しくなれば本気になれます。自分で楽しめる仕事とは、どのくらいお金を稼げるかよりも、仕事それ自体が楽しめるかどうかなのです。少しばかり給料がいいからといって、**お金の**

ために嫌な仕事をしようとするよりも、今やっている仕事に集中して、それを楽しめるようになることが幸せへの近道です。

自分の力を
試していくと
「困難に打ち克つ幸福」
という別の
ご褒美を得られます。

楽しみながらやる仕事は恋人のようなもの

わたし　仕事はお金で選ぶべきではないということですが、では根本的なことを伺います。いったいなんのために仕事をするのでしょうか？

マスター　繰り返しますが、仕事は、どのくらい給料をもらえるかよりも、楽しいかどうかです。**楽しいうえに給料がもらえるのなら、これほどの幸福はありません。**

わたし　仕事を楽しいと感じたことなんて、わたしは今までありませんでした。

マスター　それなら、なおさら仕事を好きになって楽しむべきです。**嫌々やっているからおもしろくない**のではありませんか？　それより、目の前の仕事を自分を成長させてくれる試練だと受け止めて、真剣に取り組むことです。

わたし　たしかに、わたしは仕事を嫌々やってますね。

マスター　それがダメなのです。楽しみながら仕事をしていれば、かならず進化していく自分が実感できるようになります。それまでできなかったことが、またひとつできるようになっていくことで、ますます楽しみが大きくなっていきます。

それに、仕事が好きになれば、どんなことにもへこたれなくなります。**自ら進んで行える仕事は、いわば恋人のようなもの。**大好きな相手のためなら、どのような苦労も苦労とは感じないですし、むしろ楽しんで、喜んでやりますよね。それに、難しいゲームに自ら挑んで勝利を収めたとしたら、これほど楽しいものはないはずです。仕事を恋人だと思って目いっぱい働けば、決して退屈することなどありません。それどころか、仕事以外に楽しいものが見つけられなくなるかもしれませんよ。

どんな職業でも、自分が支配している限りは愉快ですし、自分が服従している限りは不愉快なものです。上司から命令されて気分も乗らずにこなす仕事より、自分で選んで自由にやれる仕事のほうが楽しいに決まっています。

わたし

言われてみれば、そうですね。

苦労しないで手に入る幸福はない

マスター

誰かに命令されてやらされる仕事は不愉快でも、自分の意志でやる仕事は、どんなに苦しくても楽しいものです。オリンピックをめざすアスリートたちが、いつも自ら進んで厳しい練習を課すのも、そのためです。**本当の快楽というのは、まずは苦労を要求するのです。**

仕事を恋人のように好きになって、好きな仕事を楽しんでいる人は、みんな幸福です。**幸福というものは、自分を奮い立たせるような、なんらかの心配といくらかの苦痛を、つねに前提にしています。**なんの苦労もしないで手に入るのなら、誰もオリンピックで金メダルを欲しがらないでしょう。金メダルという目標に向かっていくアスリートたちは、それが難しければ難しいほど、ライバルたちよりも苦しい練習を、血をわかし、炎を燃え上がらせながら、自ら進んで行っているのです。

わたし――それは幸福とどんな関係があるのですか？

マスター――なにかに熱中していて幸福のことを忘れているとき、その人はすでに幸福の実感を得ているということです。**幸福とは、ご褒美《ほうび》を求めなかった人たちのところにくるご褒美**なのですから。

同じ山を登るのでも、自分の足で頂上まで登る人と、ケーブルカーで行く人では、見える景色がまったく違います。自分の足で登った人は、登頂というゴールに向かって一歩一歩よじ登り、山頂に立ったとき、達成感と征服感、またそれとともに自分の力を自ら証明した喜びで満ちあふれます。自分の力を試すなかで、進歩しながら、**困難に打ち克つことの喜びという、別のご褒美を得ている**のです。このご褒美は、怠け者には想像もできないほど、心をときめかせます。

ところが、ケーブルカーで行った人は、同じ景色を見ても、自分の力を試していないので、たいして喜びを感じません。楽をした代わりに、山を征服した人の喜びは味わえないのです。行動することの楽しみは予想していた以上のものを支払ってくれます。

わたし　お金ではなく、その気になれば仕事は楽しいもの、か……。わたしは、今の仕事に真摯《しんし》に取り組もうともせず、いろいろと理由を見つけて、不幸なことばかりに目を向けていたような気がします。とにかく、いろいろありますが、目の前の仕事に身を入れて取り組むことから始めないといけないのですね。

マスター　それがいいと思いますよ。**どんな仕事でも、自分を磨いてくれるものだと思え**

れば、本気で打ち込めます。嫌なことを我慢するのではなく、自分から進んで行うこと。そうしているうちに、自分の居場所が居心地のよいところへと変化してくるはずです。これが「**幸福をつくる土台**」になるのです。

嫌なことを嫌なこととして我慢するのではなく、前向きな気持ちと熱意で自ら進んで買って出る。そして、一つひとつの困難に打ち克っていくことで、人生の勝利をつかむことができるのです。

2章

「幸せをつくるのも自分」

幸福には意志の
力がいります。
幸福になりたければ、
自ら幸福になると
誓うことです。

わたしは時の経つのも忘れて、マスターとの話に没頭していた。グラスの空き具合を見ながらマスターがつくってくれるカクテルは、アルコールがぎりぎりまで薄められた、味わい深いものだった。それは本格的なバーに行き慣れないわたしにも飲みやすく、緊張をゆるやかにほぐし、饒舌《じょうぜつ》にさせた。人生を思わせるようにほのかに口に残るほろ苦さは心地よく、普段のシャイな自分からは想像できないくらい、わたしは胸の内をマスターに思いきりさらけ出していた。

「気分はいつでも不機嫌なもの」

わたし　不幸をつくるのも、育てるのも自分だということは、よくわかりました。でも、マスターの話を聞いていると、わたしは生まれつき不幸をつくるのが得意なのかもしれないと思ってしまいます。自分から不幸に近寄っているような気がするんです。

マスター　いいですか、何度でも言いますよ。人は誰でも幸せになれます。あなたも例外

わたし　ではありません。

マスター　不幸を背負って生きているようなわたしでもですか？

わたし　なかなかしぶといですね。**幸福になりたいのなら、まずは、「幸福になる」と決意することです。**

マスター　**自分で決意すること**です。

わたし　決意するとは、ずいぶんオーバーな気がしますが……。

マスター　いいえ、決意しなければ幸福にはなれません。なぜなら、**わたしたちはいつも上機嫌でいられるわけではない**ですからね。人は、頭では他人の言葉や仕草に一喜一憂しないと思っていても、感情はなかなか言うことを聞いてくれないものです。心をくじかれるようなことが、次から次へと襲いかかってくるのが人生。そのたびに落ち込んでしまいますからね。

　正確に言えば、気分というものはいつでも不機嫌なものなのです。その不機嫌を野放しにしておくと？

わたし　**自分で自分の不幸を育ててしまう。**

マスター　そう。だから、不機嫌になることがあっても、不機嫌を意志の力でコントロールしなければならないんです。自分の意志で不機嫌を退治すると、上機嫌になれる。まあ、少なくとも上機嫌のふりはできます。そのためには、幸福になると自分に誓わなければならないのです。

わたし

幸福になると誓うことで、上機嫌になれる？　上機嫌のふりができる？　わたしの場合は、なかなか簡単に上機嫌になれそうにありませんが……。

「悲観主義は気分、楽観主義は意志」

マスター

幸福になるには、幸福になると自分に誓い、負けそうになってしまう自分を奮い立たせることです。そうしなければ、不機嫌な気分に負けて自分で不幸を育ててしまいます。成り行きにまかせる人やどうにもならないことをクヨクヨ考える悲観主義者には、意志の力が働いていません。ただ感情に身をまかせているうちに、その感情に流され、やがて絶望にとりつかれてしまいます。**悲観主義は気分によるもので、反対に楽観主義は意志によるものなのです。**

あらゆる幸福は、不幸を育てるネガティブな感情を、意志の力で打ち負かすことからつくられます。人間は、ついつい弱い自分に逃げ出したくなるものですが、自分で幸福になると誓えば、誓いを守ろうと心が奮い立ちます。

わたし　わたしはそれほど意志が強くないですが、できるでしょうか？

マスター　**自分の人生ですよ。気分や成り行きにまかせてはいけません。**ついつい気分に流されそうになる自分にムチを打ち、弱気の虫を黙らせなければなりません。なにもしなければ、たちまち退屈になって、その結果、不幸をつくります。ですから、自分で幸福をつくろうと心を奮い立たせ、幸福になると誓う必要があるわけです。

わたし　心を奮い立たせる……。

マスター　そうです。次から次へと、心をくじいてしまうようなことが襲ってきて、「なんで自分ばかりがこんなことになるんだ」「もうやめてくれ」「勘弁してくれ」と負け犬のように泣き叫ぶことがあっても、なんとしても自分にムチを打って泣きやまなければなりません。**あらゆる幸福は、意志とセルフコントロールによるもの**だからです。

わたし　わたしは負けそうです。とても自信がありません。

幸福になろうと欲することは義務

マスター　たしかに、負けることもあるでしょう。乗り越えることのできない出来事や手に負えない不幸もあるでしょう。でも、**力いっぱい戦ってからでなければ、負けたと言ってはいけません。**困難に対して全力で戦うことは、誰にとっても義務だからです。同じように、幸福になろうと欲することも義務。誰もが、幸福になろうと誓って、自分で幸福をつくらなければならないんです。

わたし　でもマスター、憂うつなときに、自分でもどうして憂うつなのかよくわからないことがあります。それって、不機嫌の言いなりになっているということなのですか？

マスター　**賢い人ほど自分の感情にだまされやすいものです。**頭で考えた理屈は筋が通っていると思えるのに、どうして自分が憂うつなのか、その理由が見つからない……。それで頭が混乱して途方に暮れる。でも、**憂うつになる原因は、睡眠不足や胃の調子の悪さ、虫の居所が悪いなど、ほとんどがたいしたことではあり**

ません。

わたし――そうでしたね。人間は、ささいなことで不機嫌になるということでした。でも、現実にはどうすればいいんですか？

マスター――憂うつなときには、「うーん」とか「うわーん」とか、犬の唸り声のように、ひとりで呻《うめ》いてしまいますよね。その悲しみと戦い、幸福になろうと心から思って、身を入れることが必要なんです。そうしなければ、いつまで経ってもその悲しみから抜け出せません。

わたし――わたしも気がつかないうちにうなっていることがあります。

マスター――**嘆きのうなり声を甘くみていると、ひどいことになりますよ。**そういうときに口から出てくる言葉、嘆き声やうなり声は感情をあおってしまいます。自分で嘆いている声に気がついたら、すぐにやめなければなりません。**さもないと、その声にあおられてどんどん深みにはまってしまいます。**

わたし――わたしが難しい顔をしてうなっていたら、まわりも不愉快になるでしょうね。

マスター――それはそうですよ。たとえば、愛する人が苦しんでいるのを、察したり、見たりするほどつらいことはありませんよね。一方、愛する人がうれしそうにしていたり、幸福な気持ちでいてくれたらどうですか？

わたし　それは、幸せです。想像するだけでも幸せそうです。

マスター　そうでしょう。そういう存在にあなたがならなければなりません。だから**愛する人を幸福にしたいなら、まず自分が幸せになること**なんです。

幸福は
降ってくるものでも、
与えられるものでも
ありません。
自分でつくるもの
なのです。

幸福とは自分で実感するもの

わたし　わかりました。幸せになると誓います。でも、わたしには誰かに自慢できるようなものがなにひとつないし、誓うだけで本当に幸せになれるでしょうか？

マスター　誓うと言った矢先に、まだそんなことを言いますか！　**幸福になれない気がすると思っていたら永遠に幸福にはなれませんよ。**

わたし　そもそも、わたしには「幸福」がどういうものなのか、明確にわかっていないんです。

マスター　幸福は、どこからか降ってくるものでも、どこかにあるものでもありません。ちょっとわかりにくいかもしれませんが、幸福は、あなたが手にしているときでなければわからないものなのです。現に手にしてはじめて、「これが幸福か」とわかるのです。もっと言えば、「**幸福とは自分で実感するもの**」。だから、幸福に関しては、「きっとこういうものだろう」と想像することはできません。

たとえば、自分がスーパースターになったら、どんな気持ちになるのだろう、と思っても、スーパースターの気持ちはまるでわかりませんよね。**人は、自分で手にしたことがないものは想像できないのです。**

わたし　5年つき合った彼女との時間を振り返ると、幸せだったのかもしれませんが、別れた今となっては、それが本当の幸福だったのかどうかさえわかりません。

マスター　でも、つき合っていたのですから、「恋する人の幸福」はわかりますよね？

わたし　「恋する人の幸福」ですか？　う〜ん、たぶん……。

マスター　人は好意を寄せた相手から「好きだ」と言われ、天にも昇る気持ちになっていても、それだけでは幸福にはなれません。**その相手といい関係をつくりたいと本気で思い、誤解や試練など、いろいろな困難を乗り越える努力をするなかで、幸福だと実感するのです。**

わたし　そんなこと言われると、今のわたしにはこたえます。結局、努力が足りなくて乗り越えられなかったし……。

「与えられたものでは満たされない」

マスター　責めているわけではありませんよ。あなたは「恋する幸福」を実感したことがあるのですから、これからは出会いを大切にして、相手との愛を育む努力をしていくと思います。そしてその先にある困難も想定できるでしょうし、それを乗り越えていくなかで、実感できる幸福を想像し、その喜びが欲しいと本気で求めると思います。

わたし　いや、マスター、すみません。わたしは、本当の幸福を求めていなかったような気がします。**愛されることが幸福だと勘違いしていました。**こんなわたしと5年もつき合ってくれた彼女に、今は申し訳なさでいっぱいです。

マスター　そうだったんですね。**本当の幸福は誰かからもらえると思わないことです。**たとえば王様が家来を相手にトランプをするとき、負けると王様が腹を立てるので、家来たちはわざと負けます。、王様は何度やっても勝ち続けますよね。そうするとおもしろくなくなった王様はトランプを放り出して狩りに出ます。狩りに行っても、家来たちによって獲物が足元に放り出されるから、ここでも王様は退屈してしまいます。

わたし　**与えられたものでは、満たされないんですね。**

マスター　与えられた喜びは、すぐに退屈するものです。逆に、**自分でなにかを成し遂げた満足感や達成感を味わったときに幸福を実感することができる**のです。

わたし　自分から動くということですか……。それも苦手ですね。あれこれと考え過ぎて、結局、どうしたいのかさえ決断できないときがよくあります。わたしはもともと優柔不断な性格なんだと思います。

マスター　優柔不断はやっかいですよ。堂々めぐりをしていると、「もうどうでもいいや。どうせ自分は幸福にはなれないんだ」と投げやりな気持ちになってしまいます。ところが、そう思いながらどこかに妥協できるものがあるはずだと思い直して、また迷い始める。そして、あきらめることもできず、かといって希望を持つ理由も見つからず、前に進む決断もできない……。そうしているうちに、にっちもさっちもいかなくなって、「自分はこのスパイラルから抜け出せないんだ」とすべてを放り出してしまう。これが優柔不断の罠《わな》です。

わたし　まさにわたしそのもの。そんなわたしはいったいどうすれば……。

決意するだけで問題が解決する

マスター　**いったんこうだと決めたら、考えるのをやめて行動に移せばいいんです。**決めてしまえば、迷っていた選択肢は消えます。すると、あとのことはもう考えても仕方ないと、ふんぎりがつくのです。

わたし　とにかく行動に移せということですね。

マスター　決定を行動に移さなければ、またいろいろな選択肢が目の前に現れ、堂々めぐりが始まるだけ。「決意する」とは、とてもいい言葉で、自分はこうするんだと**決意したとたん、決心と解決というふたつのことが同時にできてしまう**のです。

わたし　決意するだけで解決するのですか？

マスター　そうです。いろいろな選択肢があると思うから迷ってしまいますが、自分で決めてやり始めると、迷いがないからストーリーはたちまちシンプルになります。**ものごとがシンプルになれば、自分で下した決断に集中でき、問題が解決**

わたし　**できます。**つまり、決意するだけで問題も解決してしまうのです。

マスター　そんなに簡単なものですか？

わたし　人生はなにごとも賭けです。あと先のことなど考えずに、自分で決めてやってみることです。

マスター　イチかバチか、ですか？

わたし　**決断できないのは、あと先のことを考えて怖くなるからです。**恐怖が決断の邪魔をしているのです。だから、あれこれ選択肢の枝葉を広げて身動きできなくなる前に、考えを断ち切って、イチかバチかの勝負に出るのです。

マスター　でも、やっぱり怖いですよね。

リスクを怖がっていたら幸せになれない

わたし　あなたはポーカーというゲームを知ってますか？　ポーカーのおもしろさは、**危険を承知で勝負に出るか、それとも勝負を降りるか、そのどちらかを自分の意志で決めるところにあります。**誰もが、他人に決められることは嫌ですが、

わたし　自分で決めたことならクヨクヨしないものです。

マスター　リスクが大きくてもですか？

わたし　**人は、自分の意志ですべてを決めることができ、自分で自分を支配しているときが幸福なんです。**ボクシングが好きな人がボクサーになるし、音楽が好きな人がミュージシャンになる。チャンピオンやスーパースターになる保証はどこにもない。でも、みんなイチかバチかの勝負に出て、自分に厳しい練習を課して頑張っていますよね。

マスター　リスクを怖がっていたら幸せになれないということですか。

わたし　人は自分で決めたことなら結果を恐れないものです。**自由な行動の中でこそ人は幸福なのです。**でも、意気地のない人は、どこかに簡単に手に入る楽しみはないかと、ウロチョロ探して、それが見つからない限り、指一本動かそうとしません。

マスター　うまくいかない可能性が大きくても？

わたし　ときには、たとえ自分の手にワンペアもなかったとしても、勝負に打って出ることです。思い切って決断し、その決断を自分で支持する。**いったん決断して**

行動に移したら、もうあと戻りしたり、決定を変えたりしないと心に決めるのです。

わたし　わたしにはハードルが高そうですが……、やってみます。

マスター　決めたら、行動ですよ！

なにもせず
扉を開いて
幸福を待っていても、
入ってくるのは
不幸だけです。

ただ幸せを待っている
だけでは悲しくなるばかり

わたし——幸福は自分でつくるものだということが、少しずつわかってきました。**幸福になると誓い、シンプルに考えて決断し、行動に移す。**幸福は待っていても得られるものではない、ということですね。

マスター——そうです！　幸せになりたいなら、ただ待っているだけではいけません。贈り物を待つように、幸福を待っているだけの生活は、じつに憂うつなものです。自分からなにもせず、「きっと、どこからか幸福はやってくるはず」なんて、**他人ごとのように願って待っていると、そのうち悲しい気持ちになってきます。**それは、期待が不安になってしまうからです。

わたし——今のわたしは不安だらけです。

マスター——どこからか幸福が来てくれるだろうと、扉を開けて待っていても、入ってくるのは悲しみだけ。ただ待っているだけでは、「結局、自分のところには現れないんじゃないか」と不安になって、気分が滅入ってしまいます。そのうち、いっこうに不安から抜け出せない自分に対して、「どうして、自分のところには現れないんだ！」と怒りがわいてきて、いたたまれなくなってしまうのです。

わたし　その気持ち、わかります。わたしもイライラして、大声で叫びたくなるときがありますから。

マスター　**当たり前のようにやってくるはずのものだと思って幸福を待っている限り、その生活からは抜け出すことはできません。**これはとても大事なことなので、繰り返しますが、ただ幸せを待っているだけでは悲しくなるばかりなのです。

わたし　幸福がやってくるんだと思っているから苦しくなる……。

マスター　不安の中でいら立ちを育ててしまうと、「やはり、自分に幸福なんてやってこない」と投げやりになってしまい、ついにはヤケクソな気持ちになってしまいます。そうなると、自分では気づかないうちに、自分に対しても他人に対しても、**ひがんだり、うらんだり、ことさらネガティブなことを口にして、意地悪になってしまいます。**

わたし　わたしの意地悪は、性格だと思っていました。

人に好かれるにはいつも上機嫌でいること

マスター　はじめから意地悪な性格の人などいませんよ。意地悪と言われる人たちは、退屈だから不満だらけになっているだけで、意地悪だから不満だらけになっているわけではないのです。でも、勝手に自分でそうなっているのに、**性格だから変えられないとみんな思い込んでいる。**自分はこんな性格なんだから、ねたんだり、やっかんだりするんだ、と我を通してしまうのです。我を通せば通すほど、不機嫌になって意地悪になってしまうというのに。

わたし　意地悪になると、人から遠ざけられるようになりますよね。わたしは幸せになるために、いつかまた恋人をつくりたいと思っているのですが、人に好かれるようになるにはどうしたらいいですか？

マスター　大事なことは、**「一緒にいて楽しい」と相手から思ってもらえるかどうか**です。

わたし　それだけですか？　容姿は関係ありませんか？

マスター　関係ありませんよ。いいですか。人はよく、相手の顔つきから、「あの人は不

わたし

幸な人だ、幸福な人だ」と言いますよね。不幸な人と言われる人は、いつも不機嫌で、わざわざ人が嫌がる言葉を口にし、相手のアラを探す嫌味な人だからです。反対に、幸福な人だと言われる人は、その人がいつも上機嫌でいて、人が嫌がる言葉を使わず、相手のアラを探すよりも相手の美点を見つけられる人のことです。

たしかに幸せな人は見るだけでわかりますね。

「不幸を口にすると人は逃げていく」

マスター

不機嫌は、その人の顔を意地悪くしてしまいますが、**幸福は、その人の顔を美しく輝かせます**。そして、その顔の美しさは、外見上の美しさよりもはるかに人をひきつけます。愛する人や友人の顔に浮かぶ不安や悲しみ、苦悩の表情を、耐えがたいと感じてしまう人は、決して心が冷たいのではありません。他人の不幸は重すぎて耐えがたいものです。人に対して敏感な人がいくらか人間嫌いな面があるのは、このためです。

わたし　友人や知人がつらそうにしている表情を見るのは、わたしでも心が痛みます。

マスター　そうでしょう。そういう繊細でやさしい心を持つ人たちに、あなたが自分の不幸を口にすれば、彼らはあなたに会うことを避けたがりますよね。だったら、上機嫌でいることです。そうすれば、あなたにまた会いたいと思ってもらえます。

わたし　**自分の不幸を口にすることが、人を遠ざける**ということですか？

マスター　そうです。だから、これが自分の運命なんだ、なんてネガティブなことを口に出してはいけません。運命は自分でつくるものです。自分で不幸のタネをまいて、それを嘆いているなんて、本当にバカげています。それよりも、**みんなから愛される人になろうと自分で決めて行動すること**。そうすれば、嘆いている運命なんて、すぐに変わっていきます。生きていくなかで、悪い運命なんてひとつもありません。自分で悪い運命にしない限りはですけどね。

考えることは
行動すること。
本気で欲しければ、
かならず行動が
ともなうのです。

考えているだけでは欲しいものは手に入らない

マスター　そういえば、資格を取ろうと勉強していると言っていましたが、どんな資格ですか？

わたし　あとから相談しようと思っていたのですが、じつはわたしには夢があります。父がインテリアのデザイン事務所に勤めているのですが、その影響もあって、中学生くらいから、インテリアデザインや家具、輸入雑貨にとても興味がありました。それで、**小さな輸入雑貨店をしながらインテリアの仕事をしてみたい**と思って、インテリアコーディネーターの資格を取ろうと学校に通っています。今の仕事とはまったく関係ありませんけどね。

本当は就職もそういう方向で考えていたのですが、当時は就職氷河期と言われていて、なかなかインテリア系の就職先がなく、安定を求めて今の会社に就職しました。ただ、その後もわたしの中では夢が消えず、休みの日には、家具や雑貨を輸入している知り合いのお店を手伝ったりもしています。

マスター　そうでしたか。いいですか、欲しいものは、目の前にある山のようなものです。決して逃げていかないですし、いつでも、欲しいと思っている人が登ってくるのを待っています。目の前の山を見物人のように眺めて、**「こうなったらいいな」とただぼんやりと考えていても、欲しいものは、絶対につかむことはできません**よ。

わたし　年齢的なこともありますし、現実的に、夢に向かっていいのかどうか……、正直、まだ決断できないでいます。

マスター　本当に欲しいのなら、山をよじ登らなければなりません。「かならず欲しいものをこの手につかむ」と、自分で意欲をかき立てて、自分で行動を起こさなければなりません。**幸福が欲しいのならば、「幸福になりたい」ではなく、「幸福になる！」と言う**べきですし、夢をかなえたいのならば、「夢をかなえたい」ではなく、「夢をかなえる！」と自分に宣言すべきです。

わたし　そうですよね。今のままなら趣味に毛の生えたようなものですからね。夢をかなえるためには決断し、かなえると宣言すべきでしょうけど、なかなか……。

欲しいものが得られないのは、本気でないから

マスター　考えるということは意欲をもつことです。どうしても欲しいと意欲をもてば、かならず行動がともなってくるものです。だから「夢をかなえる！」と宣言する必要があるわけです。こうした言葉には、欲しいものを自ら取りにいくという意欲がみなぎっていますからね。そして**意欲というものは、行動の中でさらに育っていきます。**

考えるということは意欲をもつこと

わたし　思っているだけでは、本当に考えていることにはならない、と。きびしいお言葉ですね。

マスター　たとえば、あなたのまわりにいる、成功した人や成功しつつある人、これから成功しようと頑張っている人は、みんなしっかりした足取りで、一歩一歩よじ登り、困難を喜んで受け入れて、一つひとつ克服しながら頂上に向かっていませんか？

わたし　そうですね。夢を追いかけている人たちは、みんな意欲的に行動しています。

マスター——誰でも求めるものは得られます。成功が欲しいのなら成功を、お金が欲しいのならお金を得られるのです。**欲しいものが得られないとすれば、それは本気になって求めていないから。**欲しいものが得られるのは、本当に欲したときだけです。

わたし——わたしには本気度が足りないってことですね。

マスター——若いころには、「こうなりたい」「あれが欲しい」と夢想して待ち望んでいれば、どこからか欲しいものが、それこそタナボタ式に降ってくると思いがちです。でも、**いくら口を開けて待っていても、幸福は降ってはきません。**求めるからには、全力でそれを追求することが必要です。ほかのことは脇に置いてでも、そのことを考え、あれこれ工夫して実行する。求めるものは得られるというのは、こういう意味なんです。

わたし——そこまで言われると、やっぱりわたしには自信がありません。

マスター——まずは、欲しているものが、いい加減なやり方で手に入るとは思わないことです。そして、**欲しがるというのは、簡単にあきらめないという意味です。**途中でやめてしまうのは、求めることをやめること。**途中で投げ出す人は、本当に**

欲しがってはいない人のことです。

わたし　やっぱりわたしはあきらめたほうがいいんですかね。

マスター　勘違いしてはいけませんよ。欲しいものは、あなたが手をつけてくれるのを待っているんです。輸入雑貨店をやりたいのなら、まずは店舗物件を探さなければなりませんよね。今資金がないのなら、「この場所に自分の店を出す」と具体的にイメージするだけでも、それが次に進む立派な理由になります。とにかく、自分で行動してみないことには、なにも始まりませんよ。

計画は
行動の上に
成長します。
行動してはじめて
未来は始まります。

自分の夢はただ眺めていてはいけない

わたし　行動しているつもりでも、わたしの場合は、気持ちが中途半端なんですね。

マスター　「本気になれない」「なっていない」ということは、**あなたに独立したときのイメージがわいていないから**です。なにかを夢見てワクワクしても、なにも手につけていなければイメージはわいてきません。それでも、「いつかきっと現実になるに違いない」と心のどこかで信じ込んでいる……。

わたし　知人のお店を手伝っていると、「自分ならこういう商品を揃えて」「インテリアはこうして」などと想像してワクワクするのですが……。

マスター　ただ想像してワクワクするだけでは、夢見る楽しさなど、虚しく消えていくだけです。なぜなら、そんなふうに夢見ても、**計画はいつも未来にあるから**です。「そのうちにやろう」と怠け者の言葉が頭をよぎって先送りしてしまい、やがて夢はしぼんでいき、虚しい夢だったとあきらめて計画倒れになってしまいます。

わたし　夢見ているだけでは実現できないってことですね。

マスター　目標を持つことは誰にでもできますが、それをつかむための行動を起こさなければ、それは目標ではなく「こうなればいいな」と願う怠け者の空想に過ぎません。誰もが心の中で幸福になりたいと願っていますが、口先だけで「幸福になりたい」と言っていては、ムダなお金を浪費しながら「お金が欲しい」と言っているようなものです。**本当にお金が欲しいのなら、人一倍仕事に励み、ムダな出費をとことん削って、利益をつくり、お金を貯めることに集中しなければならない**のです。

　金持ちになろうと夢見たものの、少しももうけられなかった人は、じつは山のほうでは彼らが登ってくるのを待っていたにもかかわらず、よじ登ろうともしないで、いたずらに浪費しながら、ただ遠くから宝の山を眺めていただけなのです。

わたし　**自分の夢を、他人ごとのように眺めていてはいけない、**と。

マスター　仕事も同じです。怠けることに忠実な人は、いかにサボるかに全力を尽くします。だから、仕事も、そしてお金も逃げていく。**欲しいものはいい加減なやり**

方で手に入るとは思わないことです。欲しいものが得られるのは、その人が本当に欲したときだけ。「こうなったらいいな」と漠然と期待しているだけでは手に入らないものです。よくみんな、欲しいものが手に入らないとダダをこねますが、その原因は心から欲しいと望んでいないからです。

一番重要なのは「着手すること」

マスター　そのたとえで、わたしの祖父はよく、「**焼き鳥になって落ちてくる鳥はいない**」と話してくれたものです。

わたし　どういうことですか？

マスター　焼き鳥をつくろうとしたら、まず鳥を用意して焼かなければなりませんよね。鳥は、最初から焼き鳥になって空から降ってくるわけではありません。つまり、なにごとも、なにかをしなければ始まらないということです。

わたし　「**蒔かない種は芽吹かない**」ということわざもありますね。

マスター　計画は、実行されなければ単なる空想でしかありません。ただ空想している人には、成功するための計画はつくれません。でも、いったん手を着けてしまえば、「次はこれをしよう」「こうすればもっとよくなる」などと、具体的なイメージがつかめてくるものです。成功する人と、成功を夢見ているだけで手にできない人との違いは、ほんのわずかです。それは、**今すぐ始めるか、いつかやろうと先延ばしにするのか、ただそれだけの違いなのです。**

　ところであなたは、システィーナ礼拝堂の天井画や『最後の審判』を描いたミケランジェロのことは知っていますか？

わたし　もちろん、知っています。発明家でもあり、建築家でもあったルネッサンスの天才芸術家ですよね。

マスター　ミケランジェロは、大作にとりかかるとき、「こういう画を描こう」「ここにはこういう人物を描いたらどうだろう」などということは考えないで、**いきなり描き始めた**そうです。そうすると、描くべき人物の姿が頭に浮かび、描きながら自分がつくるものを発見していったというのです。そんなふうに、**着手してはじめてイメージが立ち上がり、計画は成長していくものです。**どんな小さなことも、やってみれば、次から次へと「続き」が起きてくるのです

わたし　完成予想図もなく始めてしまうと、うまくいかないような気もしますが……。

マスター　**どんなに上手に完成予想図を描けたとしても、それは空想でしかありません。**そんなことをするより、まず手を着けること。着手できたということは、こんなことをやりたいという動機よりもはるかに重要なのです。

「先のことばかり考えるから立ち上がれない」

わたし　また混乱してきました。動機よりも着手のほうが重要なんですか？

マスター　設計図を描いても、それがどうなるかはわかりません。行動してみないことには、未来は見えてきませんからね。でも、いったん手を着けたら、具体的なイメージがどんどんわいてきます。そうやっていくなかで、計画もどんどん成長していく。なぜなら、**着手したことが進んでいくにつれて、期待が芽生えてくる**からです。最初から「こうなったらいいな」と空想のように期待しないで、とにかく手を着けることなのです。

わたし　わたしは、いろいろ理由をつけて夢から逃げているだけなんですね。独立するリスクにおびえ、やらなければならないことの多さや大変さに尻込みをしていただけかもしれません。

マスター　それは先のことばかりを考えているからです。**やらなければならないことが山ほどあると思うから、最初の一歩が踏み出せないんです。**

わたしの知り合いがいい例です。彼の家には、立派な楡《にれ》の木があります。その木に小さな虫がいっぱいついてしまって、彼が、「この虫たちが葉を食い尽くし、楡の木を枯らせてしまう。もうあきらめるしかない」とグチをこぼしてきたことがありました。虫が葉を食べ尽くすと、木が肺を取られたようになり、楡の木は窒息しないようにと、新しい葉を出そうと頑張る。でも頑張ったせいで疲れきってしまい、2年もしないうちに枯れてしまうのです。

わたし　それだと、やっぱりあきらめるしかないってことですか。

マスター　わたしは彼にこう言いました。「虫をやっつけてしまえばいいじゃないか」と。そしたら彼は「何百万匹もいるのにとてもじゃないけどムリだ」と。

まずは手が届く目標を立てる

マスター　彼もあなたと同じで、**戦う前から負けているる**のです。「こんな大変なことは自分にはできない」と自分で決めつけている。**そういうときは、手の届くところだけを見ていればいい**のです。問題の途方もない大きさと人間の無力さを考え始めたら、なにもできません。小さな虫だって、少しずつ葉を食べていくうちに森さえ食い尽くすかもしれないんだから、小さな努力を信じることです。

わたし　先を考え過ぎるから、ふんぎりもつかない……。

マスター　まず一歩を踏み出して、自分になにができるのかを試してみる。小さな努力を信じて、虫に対してなら自分も虫になって戦えばいいのです。**どんなに小さな努力でも、自分の足もとだけを見てコツコツ続けていけば、限りない結果を生むものです。**

わたし　わたしは戦う前から負けていたってことですか。小さなことからコツコツですね。

マスター　そのためには、**まずは手が届く目標を立てること**です。どんな小さなことでもいいから自分なりの目標を持つ。それがクリアできたら、とても気分がいいものですし、次の目標へのステップにつながります。そして生きがいにもなっていきます。

わたし　始めなければ、なにも始まらない。まずは手が届くところからスタートを切ればいいんですね。少し気持ちがラクになってきました。

マスター　それはよかった。実現可能な計画とは、取りかかった仕事の上でしか成長しないものなのです。まずは手を着けること。なにをすべきかは、手を着けてからしか見えてこないですからね。

3章

「自分が幸せになると、まわりも幸せになる」

幸福になるのは
「義務」です。
自分が幸せになれば、
人に希望を
与えられます。

ふと、のどの渇きに気づいて、わたしはカクテルを口にした。このカクテルはバラライカというらしい。マスターの話のように、パンチがあるが、さわやかな香りだ。マスターの話はわたしを魅了した。それまでわたしの心を覆っていた硬い殻が、内側からひび割れ、崩壊していくようだった。わたしは、なにかにとりつかれたように、マスターに質問を繰り返し、その答えを納得がいくまで説明してもらっていた。まるで子どもが大人に質問するかのように。マスターとの出会いは、わたしにとって、まさに画期的なものになった。

「幸福は惜しみなく与えられる贈りもの」

わたし

ネガティブに考えるのがわたしの悪いクセなのですが、マスターの話で引っかかることがあるので聞いていいですか。

マスターは、「愛する人を幸福にするには、まず自分が幸せになること」だとおっしゃいますが、**本当にわたしが幸せになれば、すべてのことがうまくい**

くようになるのでしょうか？

マスター　自分が不機嫌だと、相手に不機嫌を渡すことになることは前に話しましたね。そうなると、自分が相手から受け取るものも不機嫌になります。自分の悲しみや怒り、不安、憎しみを相手に渡すと、相手も同じものを返してくるんです。逆に、あなたが楽しそうに上機嫌でいると、あなたの楽しい気持ちが相手に伝わり、相手からも上機嫌を受け取れるのです。**相手に幸福を渡すと、相手を幸福にし、しかも相手から幸福を受け取ることができる**。幸福こそ、もっともすばらしく、もっとも惜しみなく与えられる贈り物です。

わたし　幸福はおすそ分けできるものなんですね。

マスター　**自分が相手から受け取るものはすべて、自分が相手になにを渡すかにかかっています**。こちらが希望にあふれていれば、相手にも希望を渡せますし、希望を受け取ることもできるのです。渡すものでも受け取るものでも、あらゆるものが心地よいものならば、自分も相手も幸福になれます。そのためには、**まず、自分の中に幸福を持っていないといけません**。

わたし　持っていないともらえない……。

マスター　もらえませんよ。人から幸福や愛を受け取るのはうれしいことです。心が温まり、気持ちだって明るくなれます。これは、生理反応です。子どもは熱すぎるスープを口にしたとたん、全身で拒絶しますよね。これと同じように、誰かから憎しみを受け取ると、私たちの身体は、胃袋が拒絶反応を起こして気持ちが悪くなるのです。愛は健康のためにいいですが、憎しみは健康を害します。愛は生理的に強く、憎しみは生理的に弱いのです。

落ち込んでいる人には「希望」を渡す

わたし　たしかに、誰かをうらんだり、疑ったりしていると、胃がムカムカしてきます。反対に、**人を信頼したり、愛おしいと思うと、温かい気持ちになれます。**

マスター　では、誰かを憐《あわ》れんだら、どんな気分になりますか？

わたし　かわいそうだと同情しているときは、こちらまで悲しくなるような、微妙な気持ちになります。

マスター　たとえば、病気の友人を見舞うとき、涙ぐんだまなざしを向けて「あなたのこんな姿を見ると、胸が痛みます」と言う人がいますが、それは失礼な態度です。

わたし　同情やかわいそうに思うことが失礼なのですか？

マスター　もちろんです。**自分の悲しみを病気の友人に降り注いで、いったいどうすると いうのですか！**　相手の身になって考えればすぐにわかることです。あなたが重い病気で入院したとき、見舞いに来た友だちに「こんなにやつれてしまって……」と涙ながらに言われたらどうですか？

わたし　そこまで悪かったのかと落ち込みますね。

マスター　**そういう言葉は、病人を見放すサイン**なのです。そんなふうに同情された相手は、見舞いに来た人たちからのあわれみを、じっと我慢するしかないじゃないですか。そういう見舞いの仕方は、患者自体が、見舞いに来た人たちの悲しみの捨て場になっているようなものです。そんなことを相手は求めていません。病気で落ち込んでいる相手が、いちばん必要としているものは何だと思いますか？

わたし　慰めることではないのですか？

マスター　違います。落ち込んでいる相手が必要としているのは希望です。では、どうすれば希望を与えられるのか？　それは自分自身が希望にあふれていることです。**落ち込んでいる相手には、自分の持っている希望しかあげることができません**。過度にあわれむことなく、希望を渡して、快活な友情を示すこと。そうすれば落ち込んでいる人も、自分が苦しみでやつれていても、健康な人たちの喜びを消さないでいることがわかります。

自分の悲しみを相手に降り注いではいけない

わたし――なるほど。それが元気になる力になるんですね。

マスター――そうです。もちろん、同情することは悪いことではありません。ただ、自分の悲しみを相手に降り注いではいけないということです。自分が不幸だと、わざわざ同情できる誰かを見つけます。そして、**相手をあわれんだり同情したりするふりをしながら、自分の不幸を降り注ぐ**。もしその相手が、なにかの拍子で立ち直ってしまうと、損をしたような気持ちになる。

もっといけないのは、適当な相手が見つからないと、相手はたいして不幸だと思っていないのに、いろいろ言って相手の不幸をつくり上げてしまうことです。**自分の不幸が他人を傷つけ、不幸にさせる。これがいちばんよくないことです。**

わたし　たしかに、なんの根拠もないことを言って、相手を傷つける人がいますね。

マスター　そういう人間がたくさんいるから、毎日のように暗いニュースが報じられるのです。だからこそ、自分が幸福になり、他人に幸福を渡すことが大切なんです。**自分が幸福であることで、人が生きるのを助け、自分自身が生きるのを助ける。**これこそが本当の思いやりです。

わたし　夫婦や恋人同士の関係もそうですか？

マスター　愛する人を幸福にするには、なによりも、自分が幸福になると決意して誓うことです。互いが「幸福になろう」と誓い合えば、つまらないトラブルで愛をつまずかせることはなくなります。

わたし　そのときどきの気分で大切なものを壊さなくてすむんですね。

マスター　そうです。**愛の中で、「幸福になろう」と誓うこと以上に深いものはありません。**自分の悲しみやいら立ちを放置して、ことの成り行きをただ傍観しているだけの人は、自分を愛してくれる人たちにさえ、退屈と不幸を押しつけてしまいます。わたしたちが自分を愛してくれる人たちのために成しうる最良のことは、自分が幸福になることです。幸福であろうと欲し、幸福になろうと心に決めて、そのために本気で取り組む。どっちつかずの傍観者を装い、扉を開いて、ただ幸福を待っているだけでは、入ってくるのは悲しみだけです。

わたし

自分自身の不安や苦しみを、相手のせいにしてはいけないのですね。

自分に自信をつけて味方にする

マスター

たいていの人は、自分には敵がいると考えているものです。しかし、**そのほとんどは自分で勝手にそう決めているだけ**です。たとえば、あなたがあるときの相手の態度から勝手に「あの人は自分に悪意を持っている」と感じたとしても、相手はとうに忘れているものです。にもかかわらず、あなたがそう思い続けて、それが顔に出たら、相手もあなたに対して敵意を持たないといけないと思ってしまいます。こんなささいなことであなたは敵をつくっているのです。

わたし　それも思い込みの不幸ですね。

マスター　**人間には、自分自身以外の敵はほとんどいない**と思ってかまいません。悲観や絶望によって、また自信を失うような言葉を自分に投げかけてしまうことによって、人は自分自身を敵に回してしまうのです。

わたし　ネガティブなわたしは、とくにそういう傾向が強いかもしれません。どうすればいいですか？

マスター　実際は小さな問題なのに途方もない困難と感じていることがほとんどです。**自信を失うような言葉を自分に投げかけてしまうから、問題が大きく見えてしまうだけ**なのです。そうならないためには、「自分の運命を決めるのは自分自身だ」と自分に自信をつけてあげることです。それで十分です。それで、自分を味方にすることができます。

わたし　わたしには、耳の痛い話ばかりです。わたしは自分さえ味方につけることができていなかったんですね。

幸福になる
第一のルールは、
自分の不幸について
決して人に
話さないことです。

自分の不幸を話すと、相手も自分も憂うつになる

わたし　マスターは、もうお気づきかもしれませんが、わたしには友だちと呼べる人があまり多くありません。もともと**内向的でネガティブな性格ですから、人と深くつき合うのが苦手です。**それに、彼女と別れてからは、プライベートで人と会うこと自体、憶病になっています。実際、人と会っていても、あまり楽しくありません。

マスター　それはいけませんね。先ほども話した通り、自分が相手から受け取るものすべてが、自分が相手に渡すものにかかっています。**相手に渡すものが不機嫌や不平不満なら、相手は不機嫌というお返しをしてきます。**お互いに受け取るものが不機嫌や意地悪では、二度と会いたくなくなってしまいますよね。

わたし　会社の同僚にも、ネガティブなことをグチってしまうときがあります。

マスター　ふだんから、不安の中でいら立ちを育てていると、「おもしろいことなんて、どこにもない」「やっぱり自分には幸福なんてやってこない」とグチっぽく

なってしまうものです。

幸福であるための第一のルールは、現在のことにせよ、過去のことにせよ、自分の不幸な話を他人に話さないことです。たとえば、傘を取られた、行列に並んでいて順番を抜かされたなど、ささいな被害にあったとしても、誰かから好かれたい、愛されたいと願っているなら、自分の不幸を口にしたり、それを見せびらかしたり、誇張してはいけません。

わたし　グチるといっても、言葉には気をつけているつもりですが……。

マスター　どんなに言葉遣いに気をつけて話したとしても、**自分の不幸を他人に話してしまうと、相手はもちろん、自分自身も憂うつになります。**相手は、あなたの悲しみや不平不満に思いやりを見せてくれるかもしれませんが、本心では決して居心地のいいものだとは思ってはいません。誰だって、憂うつになるようなことは聞きたくないものです。

微笑んでいる人には誰でも心を開く

わたし　話しているほうはスッキリするかもしれませんが、聞く側の立場で考えるとそうですね。それでは、いったいどういう人なら好かれるのですか？

マスター　いつも上機嫌でいられる人です。**人は、どんなときでも希望を失わず、明るく前向きでいる人に会うのが大好きです。**上機嫌な人は、自分が機嫌よくしているだけで、まわりの人たちを上機嫌にします。それに、相手に上機嫌を渡すと、楽しい気持ちが相手に伝わり、相手から好意と上機嫌を受け取ることができます。お互いに上機嫌なら、相手も、この人ならまた会いたいなと思うものです。

わたし　**まわりが自分を映す鏡**ということですね。上機嫌でいるとは言葉では簡単そうですが、わたしにはどうかな……。

マスター　もっとシンプルに考えましょう。人に好かれる大事なポイントは、喜びを相手に渡すこと。そうすれば、相手は喜んで「また会いたい」と思うものです。実は、**自分の気分をコントロールするよりも、相手の気分をコントロールするほうがずっと簡単**なんです。

わたし　自分のことでさえ、こんなに苦しんでいるというのに……。どうすればいいんですか？

マスター　**あなたから先に微笑むだけです**。あなたが微笑んでいれば、相手もリラックスして、微笑みを返してくれます。すると、あなた自身の気分もやわらぎます。グチを聞かされるのは、たまったものではありませんが、**幸せそうに微笑んでいる人には誰でも心を開くものです**。

わたし　たしかに、笑顔の人と会うと、ホッとします。

マスター　これは生理学的にも説明できます。微笑みというものは、身体の深く下のほうまで降りくだり、咽喉や肺、心臓を次々とリラックスさせていきます。身体がリラックスすれば、心もリラックスする。だから、幸せそうに微笑んでいる人に会うと、身も心もホッとするというわけです。

不機嫌も上機嫌も、
たちまちまわりに
伝染し、
空気をガラリと
変えてしまいます。

上機嫌の波はまわりを軽やかにする

わたし

そういえば、この前、仕事先の人とレストランに行ったときのことです。やけに機嫌の悪い客が入ってきて、突然、ウェイターさんに向かって「態度が悪い」と大声で文句を言い出したんです。その瞬間、一気にレストランの空気が凍りついてしまい、せっかくの料理もまずくなるし、気分まで悪くなりました。

マスター

機嫌というものは、まわりに伝染しますからね。たとえばあなたが、レストランに入って、ほかの客やウェイターさんに敵意のある視線を投げつけてしまったとしたら、不機嫌は次から次へと伝染していき、あなたのまわりはギスギスしてくるでしょう。もしかすると不機嫌を伝染されたウェイターさんが、いつもなら割らないはずのコップを割ってしまうかもしれません。そしてその晩、ウェイターさんは奥さんに当たってしまうかもしれません。このように、**不機嫌はまわりの人たちに伝染して、あっという間に事態を悪くしてしまいます。**

わたし

不機嫌をまき散らしちゃダメですね。

マスター　不機嫌は自分の中に不幸をつくると同時に、まわりにも伝染し、自分をさらに不機嫌にするばかりか、まわりの人たちを不愉快にします。そして、その場を居心地の悪いものに変えてしまう。結局、自分の苦痛が他人を傷つけていくわけです。

わたし　これ以上、マスターからの印象が悪くならないように、わたしもできるだけ上機嫌でいないといけないですね。

マスター　わかってきましたね。

上機嫌はまわりに喜びをふりまきます。上機嫌でいれば、ウェイターさんは笑顔でお薦めのメニューを教えてくれるでしょうし、ほかの客たちの態度もなごやかになるでしょう。**上機嫌の波は周囲に広がり、あらゆるものごとを軽やかにしていきます**。だから、いつでも自分から、無理にでも上機嫌に微笑むことです。**自分の上機嫌をまわりの人たちに差し出すと、その場の空気がなごみ、今度は自分がまわりの人たちから上機嫌を受け取れます**。上機嫌をやり取りすることで、まわりとの関係がなめらかになり、つまらない人間関係の悩みを生むこともなくなります。

わたし　微笑んで上機嫌でいることですね。心がけます。ほかにも、わたしのような人間が注意しなければならないことはありますか？

「微笑みが人間関係を円滑にする」

マスター　**非難がましい表情をしないこと**ですね。人は、耳が痛い助言や忠告にはムキになって反論しますが、無言の視線は、なかなか無視できないものです。無言の視線は心の深いところに刺さって、相手はこんなことを考えているのではないか、ひょっとすると自分のことを疑っているのではないか、などと悩ませます。しかも、いったんあれこれ想像し始めると、そこから抜け出せなくなって、しまいには泥沼にはまってしまいます。

わたし　**口に出さなくても気持ちが表情に出てしまうことはありますよね。**わたしもどちらかというと出てしまうほうです。それが相手の気分を悪くするのか……、そこまでは考えたことがありませんでした。

マスター　とにかく、自分の悲しみや不平不満を口にしないことです。**誰だって自分の心**

マスター　配ごとを他人の前に山と積んでいい理由などありません。人の不幸や悲しみは毒のようなもので、相手を不愉快にします。それよりは、今に満足している人や満足していることを態度で示す人たちに会いたいと思うものです。

取るに足らない不幸も、暗く語ればなにかを引き起こしてしまいます。他人の気分を支配するのは、自分自身の気分を支配するよりも、ずっと簡単です。相手の気分をやわらげることができれば、自分の気分もやわらいでいくのですから、まさに一石二鳥。このような礼儀とでも呼ぶべきものは、人間関係を円滑にしていくためにつくり出された、とても役に立つ処世術です。今日誰かと帰りに会ったら、自分から微笑んでみてください。きっとその人との関係がよくなっていきますよ。

わたし――うまく微笑むことができるかな？　こんな感じですか？

マスター――その調子です。ただ、愛想笑いを浮かべても、**内心に不安を隠し持っていると、それがどんなに小さな不安でも、相手に伝わってしまいます**から、気をつけてくださいね。

ダンスを踊るとき、相手に失礼のないように振る舞うには、決して硬くなったりせずに、怖がらずに踊ることです。そのためには、しなやかに踊れるまで練習し、うまく踊れないのではないかという不安を払拭しておかなければなりません。微笑みも同じで、**微笑みを必要とする場所をたくさん経験して、身体で覚えていくことです。**やがてその積み重ねが身体にしみ込んで優雅に振る舞えるようになりますよ。

親しさは危険を
はらんでいます。
信頼に甘えすぎると、
その気安さが
アダになるのです。

親しき仲にも礼儀あり

わたし　マスターの話を聞いていると、幸せな家族の光景に憧れてしまいます。でも、わたしと前の彼女もそうだったし、わたしの両親もそうでしたけど、突然、ケンカになって激しく言い争うこともありますよね。

マスター　恋人同士や仲のいい家族の間では、ついつい強い口調でものを言ったり、荒っぽい態度をとったりして、相手を驚かせてしまうことがありますね。それは、**親しくなると、お互いに遠慮がなくなるからなんです。**「親しいのだからなにを言ってもいいだろう」と感情を爆発させたり、つまらないことで怒ったりなど、なにをしても相手が許してくれるものと決めてかかっていることが原因です。**相手に甘えている**と言ったほうがいいでしょうか。

わたし　でも本気で怒ってますよね。

マスター　なんでも遠慮なく口に出せることに安心して、相手の心をえぐるような言葉を投げつけてしまったら、どんなに親しい相手でも傷つきますよ。そんな気安さが命取りになることはよくある話です。お互いが信頼し合い、気を使わずにいられる関係だという**気安さがあるから、感情をむき出しにしてもいいと勘違いしてしまう**んですよね。

わたし　そういうときは、どうやって収めるといいんですか？

マスター　お互いに感情をむき出しにしてしまったら、後はもう、こじれるだけ。親しさの中では、一方の怒りがもう一方の怒りを呼び起こしてしまい、ほんのちょっとした感情の摩擦が関係を壊してしまいかねません。そういうときは、**感情をぶつけられたほうが、怒りを抑えること**です。

わたし　グッと耐えろということですか？

マスター　怒りをむき出しにして反撃してしまうと、声が激しい怒りの調子を帯びて、その場の空気をギスギスしたものにしてしまいます。言い返したいことがあれば、まずは感情を抑えることです。相手と言い合いになったら、相手をやり込めたいと思って、ついつい高圧的になってしまうものなんです。いったんそうなると、トゲトゲしい言葉が次々と出てしまい、それがさらにお互いの感情をあおって、ますます問題を深刻化させてしまいます。

わたし　それでは、いったいどうすればいいのですか？

相手の不機嫌には上機嫌で対応する

マスター　賢い人は、感情の嵐の中でも上機嫌を装って、落ち着いた声で話すものです。そうすれば、身構えていた相手の心がゆるみ、本音を言い出しやすくなります。**こちらが不機嫌を表に出せば、相手はこちらをやり込めようと、髪を逆立てて突進してきます。**反対に、こちらが上機嫌な態度を示せば、相手の心は、たちまち解きほぐれるものです。こちらが不機嫌を表に出さずに、いつも上機嫌に振る舞ってさえいれば、まわりの人たちとささいなことで衝突することは避けられますよ。

わたし　上機嫌とは、高尚なものとでもいうか、忍耐力のいる、なかなか難しいものですね。訓練も経験も必要で、今のわたしにできることは、上機嫌を心がけることしかないような気がします。

マスター　とにかく、日ごろから自分の悲しみや不平不満を口にせず、不機嫌にならないように気をつけることです。思ったことをすぐ口に出す、表情に出すというのは、周囲に対する甘え。心がまだ子どもである証拠です。

4章

「幸せになるコツ」

言葉は
不思議なものです。
ひとたび口に出せば、
同じ言葉を
また言うことに
なります。

酔いが少し回ってきたようだ。透明なカクテルのグラスを見つめながらふと思った。このバーを訪ねてからもう何時間経っただろうか。わたしは、わたし自身の変化に驚いていた。やはりこのバーは、マスターは、噂通りだった。この店に入る前のわたしと今のわたしとでは別人だった。もはやわたしは悲観的な考え方から脱出していた。人間の人生は運命に縛られているという考え方からも抜け出すことができた。それまでわたしが「当たり前」と思っていた壁が消滅し、その向こうにわたしが努力して手に入れなければならないものが見えてきていた。マスターが水の入ったグラスをそっと差し出した。わたしは一気に飲み干し、さらに話を続けた。まだ話したいことはたくさんある。

「口にした言葉で原因と結果が逆転する」

わたし　マスター、わたしの不幸話は、じつはまだまだあります。聞いていただけますか？

マスター　乗りかかった船ですから、とことん聞きましょう。

わたし　今日ここに来る途中、いきなり雨が降り始めました。電車に乗るまで我慢すればいいやと思って傘をささずに歩いていたら、クルマが水たまりを勢いよく通過して、せっかくのスーツがびしょ濡れに。**こんなことがあるから、「やっぱりわたしは不幸の星の下から逃れられないのかもしれない」と思ってしまうんですよね。**

マスター　また「不幸の星の下」ですか。雨に文句を言ってもどうしようもありませんよ。文句を言って雨がやむわけではないし、**起きてしまった状況をネガティブにとらえても、状況が変わるわけではない**ですからね。どうにもならないことに文句を言ったところで、嫌な思いをわざわざ拡大するだけです。

わたし　天気予報では今日は降らないと言っていたのに。それにクルマだって、ふだんはほとんど走っていない道なんですよ。話していたら、なんだかゾクゾクしてきました。

マスター　雨に八つ当たりしてそんなことを言っていると、本当に風邪を引いてしまいますよ。**「ああ、調子が悪い」と口に出したばかりに、本当にそうなってしまう**

ことはよくあることです。結果と原因が逆転してしまうのです。

わたし　結果と原因が逆転するとはどういうことですか？

マスター　ふつうは、身体の調子が悪いことが原因で、ゾクゾクするのはその結果です。しかし、ゾクゾクすると言ったことによって、本当に調子が悪くなることがあるんです。**口から出た言葉が原因で、体調が悪くなるという結果を招いてしまうことがあるんですよ。**だから、雨に文句を言うよりも、雨降りの日には、「なんていい雨なんだ。いいお湿りだ」くらいのことを言ったほうがずっとマシなんです。そう言っておけば、気持ちも落ち込まないですし、ムシャクシャすることもなくなります。

前向きな言葉は喜びをもたらす

わたし　**憂うつな雨降りの日こそ、晴れやかな顔をして、上機嫌でいるべきなんですね。**

マスター　そうしないと、不機嫌な気分がどんどんひどくなってしまいます。**言葉には不思議な力があって、一度口に出した言葉をもう一度言わされるハメになるので**

す。たとえば、「悲しい」と口にすると、実際に悲しいことが起きて、もう一度「悲しい」と言うハメになります。反対に、楽しいことを口にすれば、楽しいことが起きて、もう一度「楽しい」と言うことになります。

わたし——本当ですか？　すぐには信じられないなあ。

マスター——本当ですよ。言葉は感情をあおるものです。「なんて悲しいんだ」と口にすると、悲しい気持ちをあおって、ますます悲しくなる。そして、そのうちに身動きできなくなって、へたり込んでしまいます。そんな状態に陥ると、まわりだって近づきにくくなるし、どんどんひとりぼっちになっていく。そうなってしまうと、ますます悲しくなるから、もう一度「なんて悲しいんだ」と言うハメになるんです。

わたし——グチればグチるほど、人が離れていき、落ち込んでしまう。わたしがそうですから、よくわかります。

マスター——だったらなおさら言葉の力をあなどってはいけませんよ。

わたし——口に出さないで、心の中で思っても同じことですか？

マスター——少しはわかってきたようですね。そう、同じことです。言葉は、はかりしれない力を持っています。「**悲しい**」と思ったり、**口にしたりすれば、まるでマントのように悲しみが全身を覆ってしまいます。**ですから、言葉には本当に注意しなければなりませんよ。**どんなときでも、「ありがとう」「楽しい」「ツイている」「幸せ」という、明るく前向きな言葉を口にする。**そうすると、本当に幸せなことが起きて、もう一度「幸せ」と口にすることになります。前向きな言葉は、不幸を遠ざけて、喜びをもたらしてくれますからね。

わたし
言葉を軽く考えるといけないんですね。

相手になにかを伝えたいときは前向きな言葉で

マスター
とくに、「**すべての事態が、ますます悪くなる**」とは、**絶対に言ったり考えたりしないことです。もしそんな言動をすれば、かならずそうなってしまいます。**

わたし
わたしもそうですけど、そういう言葉って意外に使っているような気がします。

マスター
「もう、どうしようもない」「助けてくれ」と叫んでいる人がいますが、ただ大声で泣き叫んでいれば誰かが助けに駆けつけてきてくれる、なんて考えるのはやめたほうがいいでしょう。赤ん坊のようにただ泣いて叫んでいれば、まわりの人はうるさいと思うだけです。もし、なにかを伝えたいときは、相手に不愉快な思いをさせるかわりに、**相手に共感を持ってもらえるように、自分がしたいことを的確に伝える必要があります。**

わたし――どうやって相手に伝えればいいのですか？

マスター――いつも明るく前向きな言葉を口にすることです。前向きな言葉を口にすれば、相手はあなたに好意を抱いてくれます。間違っても、反感を抱かれたりするような口の利き方はしてはいけませんよ。そんな言葉を吐いておいて、「どうしてわかってもらえないの？」なんて考えるのは、子どものすることです。

わたし――自分の言葉が原因になって結果をつくるなら、いい結果につながる言葉を使ったほうがいいですよね。

マスター――そのためには、何度でも言いますが、**気分を野放しにしないことです。**ついネガティブな言葉が口から出てしまったら、すぐに取り消す言葉を口にすること。**そうやって、自分の意志で自分の気分をコントロールすれば、ものごとはうまくいくようになります。**

―わたし

なんだかおまじないのようですね。グチったら前向きなことを口にして取り消す。それならわたしにもできそうな気がします。

どんなに
つらい経験も
明日への
糧になります。
陽気に前へ
進むしかないのです。

悲劇が起きたら、目の前のことだけ考える

わたし　マスター、**不幸を遠ざけようと思っていても、避けられないことってありますよね。**心が弱いわたしは、そんなことが起きたときにどこまで耐えられるか……。

マスター　たとえばどんな不幸ですか？

わたし　わたしの話ではないのですが、この前、わたしの同僚のカップルに突然悲劇が起きたのです。結婚することになって、式の日取りまで決まっていたのですが、彼氏のほうが、突然**式も結婚もすべてをキャンセルしてしまって……**。なんでも捨てきれない夢があるとかで、ひとり会社も辞めてアメリカに旅立ってしまいました。残された彼女は、なかなか吹っ切れないようで、見ているこちらまでつらい気持ちになってしまいます。

マスター　それは彼女にとって、災難ですね。

わたし　わたしにはどう言葉をかけていいのか、見当もつきません。彼女はこれからど

マスター　うすればいいのでしょう？
まず、**ふさいでばかりいてはいけない**ということですね。過去の出来事を振り返って、取り返しのつかないことをクヨクヨと後悔していると、そのことばかり考えてしまうものです。それで自分が今どこにいるのか、なにが起きたのかさえわからなくなってしまう……。
なにか難しいことに突き当たると、人は、まず自分の状況がどうなっているのかを理解し、解決策を考えようとしますね。でも、**どこにも解決策が見つからないと、どうすればいいのかわからなくなって、考えが堂々めぐりをしてしまい、ついには、絶望してしまいます。**

わたし　きっと彼女も、絶望的な気持ちでいるのだろうと思います。

マスター　絶望的な気持ちになるのは、取り返しのつかないことをグズグズと考えるからです。過去や未来のことをあれこれ考えて自分を苦しめるのをやめて、**目の前の今のことだけ考えればいい**んです。

わたし　でも、そんなことが起きたら、人から前を向けと言われても、そうやすやすとはいかないと思います。

経験は考え方ひとつで陰気にも陽気にもなる

マスター　過去を振り返って悲しんでばかりいても、どこにも解決策は見つかりません。それに、未来がどうなるのかは、まったくわからないものです。思った通りことが起きるなど、あり得ません。未来は、そのときになってみなければわからないものですからね。

わたし　みんな、マスターのように強くないと思うんですが……。

マスター　いいですか。**強い人間というのは、なにが起きたのか、もう取り返しがつかないことはどれか、そして自分が今どこにいるのかをしっかりと見きわめて、そこから未来へ向かって歩き出すことができる人のことを言います。**

起きたことばかりに目を向けていたら、本当はそれがとっくに取り返しのつかないことになっているのにも気がつかないことがあります。だから自分の居場所さえわからなくなってしまうのです。しかし、きちんと見きわめがつけられれば、自分がこれからしなければならないことが見えてくるはずです。そしてそこから未来に向かって歩き始められるのです。

わたし　しかし、自分の身に起こったことを消化できずに、うまく心の整理がつかなくなっているとしたら？

マスター　**経験は、考え方ひとつでまったく違うものにもなります。**たとえばコメディアンが客にまったくウケなかったとしましょうか。なにごとも悲観的に考えるコメディアンなら、「また失敗した。どうして自分ばかりこんな目にあうんだ」と考えてふさぎ込んでしまいます。でも、なにごとも陽気に考えるコメディアンは「今日のお客さんは、なんて目が肥えているんだ。よし、今度は笑わせてやる」と考え、自分の失敗にくさったりはしないものです。

わたし　考え方ひとつか……。でも、わたしが強い人間になるには、相当時間がかかりそうな気がします。

マスター　またそのようなことを言う。いいですか、よく聞いてください。**経験は、考え方で陰気にも、心を軽くするものにもなるということ**です。**なんでも陽気に考えれば、過去の失敗を後悔するかわりに、それを糧《かて》にして次はどうやって幸福になろうかと前進できるようになります。**解決できない問題なんて世の中には

わたし

たくさんあるんですから、すんでしまったことは忘れて、目の前のやるべきことに集中したほうがいいでしょう。

ただ目の前のことに集中するか……。おっしゃっていることは理解できますが、ある意味、きびしいことですね……。

悩んでいるときは、
なにかに集中すれば、
悩むヒマなんて
なくなります。

過去を振り切るにはなにかに集中するしかない

わたし　結婚式をドタキャンされた彼女と同じように、わたしも彼女と別れてからは、悲しみにふけってしまうときがあって、仕事に集中できません。

マスター　**過去を振り切るには、なにかに集中するしかありません。**とにかく、なにかを探してでも集中する。なにかしてみたいことはありませんか？

わたし　気分転換しようかと、インテリアの知識を生かして、新たに家具や雑貨を購入して、部屋の模様替えでもしようかな、と思ってます。

マスター　いいじゃないですか。それなら、その模様替えに集中すればいい。インテリアのことなら、あなたは大好きでしょうし、いろいろ楽しいことが想像できるでしょう。それに、やることだってどんどん出てくるのではないですか？

わたし　まあ、彼女との思い出の品物もあって……、気分も乗らなくて、まだ行動には移せないでいます。

マスター　それは、あなたがじっと不幸に浸かっているからです。とにかく動くことがいちばん。**なにかとても難しいことに意識を集中している人は、完全に幸福です。**それは、「起こるかもしれないというだけの不幸」についてまで、考えているヒマがないからです。目の前にやらなければならないことが山のようにあれば、過去を振り返るヒマはなくなります。そうなれば、起こるかもしれないという先の心配まで、考えなくなります。

わたし　悲しみに浸っているヒマがあれば、インテリアショップや輸入雑貨店をまわっていたほうが、たしかに気がまぎれるかもしれません。

マスター　そうですとも。**どんなに心の痛手を負っても、目の前のことに忙しくしていれば、無意味な後悔も、未来への不安も考えるヒマがなくなります。**ところであなたは、ロビンソン・クルーソーは知っていますか？

わたし　子どものころに『漂流記』の絵本を読んだことがあります。

リアルなことをつくり出すのは行動だけ

マスター　無人島に漂流したロビンソン・クルーソーは、生き残るために島中を歩き回って食料を探し求め、魚を釣る道具をつくり、雨露をしのぐ家を建て終えるまで、**過去や未来のことなど考えるヒマがなかった**のです。忙しくしていたからこそ、不安やいら立ちを育てることがなかった。だから無人島で生き延びることができたのです。

わたし　困ったときは、忙しくしていればいい？

マスター　そう。インテリアショップをまわって、「これを部屋のどこに飾ったらいいかな」とか、「部屋のレイアウトはどう変えよう」とか、あれこれ考えているうちに、新たに模様替えする部屋のことに考えが集中していって、自然に過去のことは忘れていくものです。

わたし　そう言われると、新たな家具を買ったり、小物や雑貨類を揃えていくことを考えると、ワクワクしてきて楽しい気分になります。

マスター　それでいいんです。**過去とは、もう終わっていて、落ち葉のように枯れているものです。**過去がうるさくつきまとってくるのは、あなたがすでに終わってしまったことをいちいち思い出して、「あのとき、彼女がスマホでやり取りしていたのは……」とか、想像力を働かせてフィクションをつくり上げるからです。

過去は枯れて死んでいますが、現在は今生きているところですから、若々しく、力強く、命があふれています。ならば、その現在に順応するべきでしょう。いいですか、**想像力はフィクション以外には、なにもつくり出しません。リアルなことをつくり出すのは行動ですよ。**

わたし　行動を起こせば、新しい世界がひらけるのですね。

マスター　そうです。**どんなことでも行動を起こすことで、次にやるべきことが見えてきます。**まずは、豊富なインテリアの知識を生かして、ショップや雑貨店をまわりなさい。新しいレイアウトを考えて、あなたらしい模様替えをしなさい。それに没頭すれば、感傷に浸っているヒマなどなくなります。忙しくしていれば、リアルな新しい世界がスタートします。

わたし　大好きなインテリアのことでもあるし、ネガティブなことなんて、考えるヒマもなくなりそうですね。

感情的な悪口には
意味がありません。
雑音だと思って
耳を貸さない
ことです。

「感情的な言葉にはまともに反応しない」

わたし　突然の不幸で思い出しましたが、この間、いきなり、理由もわからず、取引先の担当から怒鳴られてしまいました。「気が利かない」「そんなことも知らないのか」など、直接の仕事上のことではないことで怒鳴られると、ムッときますよね。きっと前からわたしのことが気に入らなかっただけなのでしょうけど……。

マスター　誰かから悪口を言われたとたん、「これがあいつの本音か、前々からあいつはそう思っていたのか」と考えるものですよね。でも、**悪口なんて雑音のようなもの。**いちいち気にするから腹が立つのです。人を叱ったり、怒鳴りつけたりしているときは、**本人がとても感情的になっています。そこで口から出た言葉には、深い意味などありません。**

わたし　怒鳴られても、上機嫌に振る舞えと?

マスター　まあ、聞いてください。いいですか、大きな声で怒鳴る人は、**大声を出したこ**

とで興奮してしまい、自分の感情を抑えきれなくなり、ますます感情的になってしまうものです。自分の口から出た感情的な言葉が、本人をますます感情的にさせてしまいます。そのようなときに出てきた感情的な言葉にいちいち反応して、カッとなって口答えをしようものなら、相手は百倍にして返してきますよ。

わたし　でも言われると、ついこちらも反撃したくなってしまいます。

マスター　相手が感情的になっている原因は、本当はちょっと不機嫌なだけか、出勤前に奥さんと言い争いをしたとか、きっとあなたとはまったく関係のないことなんです。そんなものを**いちいちまともに受け止めていたら、相手に対して怒りがこみ上げてきて、こちらも感情的になるだけです。**

わたし　でも、理不尽な言葉で傷つけられると、我慢しようと思っても自然にムカついてきますよ。

マスター　相手が口にした言葉にカチンときてしまうと、負けてなるものかとばかりに感情的な言葉で返してしまうものです。それに相手が反応し、興奮してなにかを言おうものなら、たちまちケンカになって、とんだ大ごとになってしまいます。

わたし　でも、煮えくり返っている腹の内をどうすればいいのですか。

「幸せになる秘けつは、自分の不機嫌に無関心になること」

マスター　興奮して怒鳴っているときには、考えが先にあって言葉が出てくるのではありません。**口から出てしまった言葉を、考えが後追いする**のです

わたし　考えが後追いをする？

マスター　感情的になってワッと口から言葉が出る。感情的になって口走ったことですから、その言葉にたいした意味はありません。しかし、「**なんでこんな言葉を口走ったのだろう」と考えると、次から次へと自分でその理由を見つけ出し、どんどんいきり立ってくるのです。**

わたし　感情的になっているからこそ、本音が出るのではありませんか？

マスター　それは大きな間違いです。感情的になっているときは、たいていの場合、思ってもいないことを口走ります。でも、興奮して口をついて出た自分の言葉を、考えが後追いして、それを心底信じてしまうのです。それで、「そうか、だか

らこんなに感情的になっているのか」と、ますます感情的になってしまう。

わたし　そういうものなのかなあ……？

マスター　よく考えてみてください。**相手が怒鳴ったのは、あなたのせいでなかったとしたら、あなたは自分で勝手に想像して怒りを募らせているだけ**ではありませんか？

わたし　もしそうなら、想像力がつくり上げたフィクションに怒っているということになりますね。

マスター　そうです。いろいろな場面で腹の立つことは多々あると思います。ただ、他人が感情的になって口にした言葉をまともに受け止めたら最後、自分で自分に重荷を背負わせてしまいます。**自分で自分をしばりつけ、自分の苦しみを抱きしめることになる**のです。

わたし　しかし、人間ですから、腹が立って、どうしようもないときがあると思うのですが。

マスター　そんなときは、「この怒りは、ひとりでに収まるだろう」と自分に言ってやればいいのです。**幸せになる秘けつのひとつは、自分の不機嫌に無関心になるこ**

とです。不機嫌は相手にさえしなければ、泣いてもかまってもらえない子どものように、すぐに収まってしまうものです。

相手の怒りには微笑みで立ち向かう

わたし――それでも相手がガンガン怒鳴ってきたときは？

マスター――**自分でも、原因もわからないまま大声を出して怒鳴りまくり、感情にまかせて誰かれかまわず毒づく連中はいくらでもいます。**そんな連中に理屈で立ち向かうとケンカになるだけです。

わたし――では、どうすればいいのでしょうか？

マスター――**相手の怒りに理屈で立ち向かわないで、微笑みで立ち向かうこと**です。ニッコリ微笑み、ていねいに挨拶すれば、その場の空気がガラリと変わって、場がなごみます。これほどすばやく、しかもよく効く薬はどんな医者も持ち合わせてはいません。

ただし、恋人や家族など、親しければ親しいほど、相手を気遣う必要があります。**礼儀や作法とは、ひとつ間違えるとこじれてしまうような言葉や振る舞いをやめて、相手との関係をよりよくするためにある技術のことです。**処世術とも言いますが、みんなが思っている以上に、礼儀や作法は役に立つものなんですよ。

わたし　ムカついているときに礼儀や作法と言われても……。

マスター　たとえば、あなたが不機嫌なときに、上司に呼ばれたとしましょうか。さすがに上司の前では不機嫌な顔はできませんから、あなたはなんとか上司の機嫌を損ねないようにするでしょう。このとき、あなたは不機嫌を隠しているわけではありません。気に入られようとすることで、不機嫌が消え失せているのです。つまり、**気分の変化に過ぎないものは、表に出さないようにしているうちに、本当に感じなくなる**のです。とくに親しい人には、気分を表にむき出しにしないことですよ。

わたし　今のお話、スッと胸に入ってきました。

マスター　お互いの感情がむき出しになってしまったら、感情の嵐を鎮めて、「**お互いの関係を礼儀によって正しく保とう**」と自分に誓うのです。この誓いは、一時の感情のせいで、育んできた関係をぶち壊してしまう危険から守ってくれます。

「親しい仲でこそ、相手への思いやりを」

わたし――どうしても相手が許せなくても?

マスター――**お互いに、自分のエゴを押し通して相手を黙らせようとすれば、どちらかが折れるしかなくなります。**しかし、そんな状態が続いてしまうと、やがては無用のトラブルを起こさないように、あたりさわりのないことだけを言うような間柄になるでしょう。こうして、**陰気な平和と退屈な幸福**ができあがります。本当の幸福な関係を築こうと思うのなら、親しい仲にこそ、相手への思いやりが求められるのです。

恋人同士であれ、夫婦であれ、また職場であっても、どんな人間関係も、こちらの出方ひとつで、いかようにも変化します。こちらが不機嫌をむき出しにすれば、雨降りになり、こちらが礼儀正しく振る舞えば快晴になるのです。**人間関係とは、こちらの出方ひとつで、雨降りにも、快晴にもできる奇跡の場所**

なのです。

わたし　自分の不機嫌な気持ちを偽って隠すのではなく、消すということですか。不機嫌が表に出なければ、トラブルもなくなっていく、と。

マスター　そう、その通りです。

笑ってすませると
決めておけば、
大きな災難は
避けられます。

ささいなことは笑ってすませる

わたし

ムカついたり、イラッとしたり、短気なところがわたしの悪いところです。それに、カッとなりやすい面もあって、ちょっとしたことでキレそうになることもあります。通勤電車で軽く押されただけでムカついたり、部下のなにげない態度にもイライラしたりします。もっとクールにいられる方法はないものでしょうか？

マスター

たしかにあなたは短気な面がありますね。話しているだけでわかりますよ。

さっきも話しましたが、自分の衝動にまかせていると、言おうと思ってもいなかったことが、つい口から出てしまうものです。

すぐにカッとなってキレやすいのは、**わき上がってきた怒りを自分でどうしていいのかわからなくなって、自分の感情の言いなりになってしまうから**です。自分の感情をコントロールできずにキレてしまうと、たちまちケンカが始まって、場合によっては、警察沙汰になることだってあります。それが原因で仕事をクビになったり、留置場に入れられることも、あり得ないことではありません。**自分の感情をコントロールできないのは、自分で不幸を選んでいるようなものです。**

わたし　わかっているのですが、どうすれば感情を抑えることができるのですか？

マスター　まずは、**最初の怒りを鎮めること**です。誰かに非難されたり、悪口を言われたり、裏切られたと思うとムカッとくるでしょう？　その**最初のムカつきを鎮める**のです。そのためには、「ちょっと押されたくらいなら、笑ってすませる」と決めておけばいい。そう決めておけば、ものごとはスッとおだやかになりますよ。

わたし　笑ってすませられるくらいなら、マスターに相談なんかしませんよ！

マスター　ほら、またムカッとしましたね。

　よく聞いてください。もののはずみで誰かを押したり、靴を踏んでしまうのはよくあることです。**誰かにそうされても、相手に悪意がないと冷静に判断できればいいことなのです。**そのためにも、最初の怒りを鎮めることさえできれば、冷静に考えて判断できるようになります。だからこそ、「ささいなことは

わたし　笑ってすませる」と、最初から決めておく必要があるのです。とりあえず笑っておけ、ということですね。

ムカッときたら、まずひと呼吸

マスター　**微笑みは、「こんなこと、笑ってすまそうよ」という、はっきりとした意志表示です。**自分からそう意志表示すれば、大ごとになることは避けられます。そのためには、ちょっとしたことで感情的になってしまう自分を、きちんとコントロールしようという意志が必要です。

わたし　う～ん、頭では理解できますが……。

マスター　**あらゆる感情は、こちらが呼ぶのに応じて出てくるものです。**一度カッとなると、どんな立派な理屈もまったく役に立ちません。それどころか、怒りを煽り、ありとあらゆる理由を見つけ出して、ブレーキが効かない状態になってしまいます。不満は怒りをかき立て、かき立てられた怒りによって、また怒りはエスカレートしていき、どんどん感情に走っていくのです。

わたし　最初のムカッという感情さえ鎮めればいいのですね。それにはささいなことは笑ってすますか……。ん〜、やってみるしかないか。

マスター　そうそう。不機嫌に不機嫌で応える代わりに、深く息を吸い込んで心を鎮めて、**無理にでも上機嫌なふりをしてみてください**。不機嫌をまわりに伝染させずに、上機嫌を伝染させる振る舞いをするのです。**最初にムカッときたら、まずひと呼吸おきましょう**。すると、わき上がった怒りを自分で始末できるようになります。

自分を許せないと
その反動で
相手の過ちを
拡大してしまいます。

不機嫌の応酬が敵をつくる

わたし　ここまで話してくると、マスターには、わたしが社内の人間とうまくいっていないことくらい、察しがつくと思います。**じつは、わたしには、経理課に天敵と呼べる男がいます。**わたしより年下なのに出世していて、それがわかっていながら、横柄な態度で接してくるんです。一応サラリーマンですし、我慢しなければならないとわかってはいますが、どうしても気が合わないのです。どうすればこの人物に気持ちを鎮めて応対することができるのでしょうか？

マスター　経理課の彼に腹を立てる前に、**どうして嫌いになったのかを、自分に聞いてみてはいかがですか？**　最初から嫌っていたわけではないのでしょう？

わたし　わたしはチームリーダーで、チームの経理書類をチェックするのも仕事のひとつです。その書類の書き方を注意されたのがきっかけだったと思います。現場のことをなにも知らないのに、杓子《しゃくし》定規なもの言いで、延々と偉そうに言われて、思わずにらみ付けてムスッとしてしまいました。それ以来、ことあるごとに重箱の隅をつつくようなことを言ってくるんです。

マスター　そうですか。**人は、他人に不機嫌な態度を示してしまうと、そういう態度を取った自分が許せなくなるものです。**それで、自分の態度を正当化するために、「あのときあいつが自分の機嫌を損ねた」と決めつけて、その人を嫌いになります。**その反動で相手の過ちを拡大していく場合があるのです。**

わたし　相手の過ちを拡大する？

マスター　相手がこんな嫌がらせをするのは、「自分をバカにしているせいだ」「いつか自分を職場から追い出そうとしているのではないか」など、いろいろなことを妄想してしまうということです。

わたし　そんなこと思っていません！

マスター　相手の過ちを拡大すれば、どんどんムカついてきますから、相手に対して不機嫌な対応を取ってしまいます。すると、あなたから不機嫌な態度をされて、相手もますますあなたに対して不機嫌になる。こうして、お互いが不機嫌になり、怒りを育ててしまうのです。

「上機嫌に対抗できる不運は存在しない」

マスター　でも、「相手はきっとこんなことを考えているんだろうな」と思うのは、一種のフィクションをつくり上げているようなものですよね。それで、**ありもしないことで勝手に不機嫌になっていく。自分のモヤモヤが晴れないのは自分が原因なんですよ。**

わたし　では、どうすればいいのですか？

マスター　こちらが姿勢を変えてリラックスすればいいんです。不眠症に悩んでいる人は、眠ったフリをしているうちに眠くなれるのに、眠ったフリをしてみようなんて考えもつきません。同じように、怒っているときには、頭を下げたり、微笑んだりすることなど、まったく考えもしませんよね。でもそういう姿勢を取ることで怒りは鎮まります。スキップしながら怒ったり悲しんだり、不安になったりすることはできませんよね。**スキップしていると、怒りも悲しみもいつの間にか消えていくものです。身体を動かすと、悩みごとはどこかに消えて**

しまいます。

わたし　そういうものですか……。

マスター　**上機嫌とは、自分自身で心地よい身体的状態を先につくることで生まれてきます。**わざと上機嫌な気分を、自分の中に呼び起こし、いがみ合うのをやめて、あなたから微笑めばいいんです。微笑みは、まわりの人の感情をやわらげる特効薬ですからね。ただ微笑むだけで、気分もすっかり変わります。そうすると、まわりもリラックスして微笑み返してくれます。

まわりの出来事に腹を立てたり悔しがったりするより、自分が上機嫌に振舞うことです。**上機嫌に対抗できるような不運は存在しません。**

わたし　やっぱり上機嫌か……。少しずつでもそうしていけば、幸せになれるのかな。まあ、行動しないとですよね、マスター。

マスター　そうそう、その通りですよ。

身体を少し
動かすだけで
気分や感情は
コントロールできます。

悩みがあるときは理屈で考えようとしない

わたし　マスターにいろいろアドバイスしていただいたおかげで、少しだけですが、前向きになれるような気がしてきました。今までのわたしだったら、不幸を前にして悩み続けるだけでしたから。

マスター　まず、**悩みがあるときは、理屈で考えようとしないこと**です。自分で考えた理屈が、自分を鋭く責めることになりますからね。それよりも簡単なことは、身体を動かしてみることです。

わたし　スキップすると怒りも悲しみも消えるということです。

マスター　そうです。**身体を動かすと、悩みごとはどこかに消えてしまいます。**

たとえば、経験を積んだ一流のピアニストでも、ステージに出る前は恐ろしくて死にたくなるそうです。いつもの実力を出し切れるだろうか、失敗したらどうしよう、うまく弾けなかったら……などと、あれこれ想像して不安でいっぱいになって怖くなるのでしょう。でも、いざ鍵盤を叩き始めると、指の動きに集中して、うまく弾けなかったらどうしようなんて考えなくなる。想像力が働く余地がなくなるのです。**人は、身体を動かすことで、不安を生みだす想像力を止めることができる**のです。

わたし　想像力は、人間のクリエイティビティーにとっては大切かもしれませんが、つまらない想像力は不安を生みだしてしまうんですね。まあ、わたしの場合は考え過ぎることで想像というよりも妄想に近いかもしれませんが。

マスター　だいぶいい方向に考えるようになってきましたね。

たとえば、**馬から落ちることの恐怖とは、落ちまいとして下手にジタバタすることから生まれます**。不機嫌も同じです。下手にジタバタすると、さらに不機嫌を育ててしまいます。

ふくらはぎがつってしまうと、悲鳴をあげるほど痛くてジタバタしてしまいますが、それよりも足の裏を平らにして地面につければ、たちどころに痛みは消えます。目の中に入ったゴミは、こすってしまうと、逆にゴミが取れにくくなって、長い時間、不愉快な思いをします。でも、両手を動かさずに、鼻先を眺めていれば、やがて涙が流れてきて不愉快な目にあわずにすみます。ジタバタすると、涙を流すという簡単な解決方法さえ思い浮かばなくなるんです。それより、「こんなほこりっぽい空気にしたのは誰だ」なんて、当たり散らすことに躍起になります。でも、**なにかのせいにすればこじれるばかり**。それよりも、自分自身に注意を向けることが大切なのです。

身体をちょっと動かすだけで妄想は止まる

わたし　ジタバタすればするほど、ドツボにはまっていく、と。

マスター　ただし、馬から落ちないためには乗馬術を身につけなければなりません。それと同じように、不機嫌を撃退するには、やさしさ、親切、幸せを演じられるようにならなければなりません。またバカげたことを言っていると思っているかもしれませんが、幸せを演じることは、決してバカにできないことですよ。

わたし　幸せを演じる？　幸せでもないのに幸せのフリをするということですか？

マスター　試してみればわかります。口を大きく開けたままで、頭の中で「イ」と発音しているのを想像してください。いくら頭で「イ」と言おうとしても、出てくる

わたし　のは「ア」ですよね。

マスター　たしかにそうですが、なんの関係があるのですか？

わたし　**口や手をちょっと動かしただけで、想像力はそれ以上先へは進めなくなる**ということです。

マスター　んー、妄想しようにも、それ以上考えられなくなるということですか？

わたし　そうです。**頭の中でなにかを妄想し始めたら、ちょっと身体を動かしてみる。それだけで、それ以上、妄想できなくなります。**試しに、自分が怒っているときのことを考えてみてください。怒りを感じているとき、たいていの人は拳を握りしめていますよね。

わたし　自然にそうなりますね。

「心が苦しいときは、楽しいフリをする」

マスター　だったら、怒りで握りしめている拳を開いてみてください。それで、開いた拳を上に向けて広げ、相手のほうにその手を差し出してみてください。**こんな簡**

わたし　単な動きで、**怒りの虫はたちどころに消えてしまいます**から。むむむっ、本当に、なにか気が抜けるというか……、身体をちょっと動かすだけで、気持ちが変わっていきますね。

マスター　そうなんです。それなのに、みんな、こういう簡単な解決法をとらずに、反対にイライラした様子を見せたり、不安を隠さずに怒りをあらわにする。だから、ますます苦しくなってしまうのです。

不機嫌を退治する即効薬は、やさしさや幸福をまねることです。心が苦しいときは、楽しいフリをすればいい。たとえば、つくり笑いをしてみるのです。自分でむりやり口角を上げて微笑むまねをしてみる。人は、**微笑んでいる相手を怒る気にはなれない**ものです。それが、たとえ自分自身であってもね。

わたし　でも、苦しいときにつくり笑いをするのって、難しくないですか？

マスター　気持ちがふさいでいるときは、たしかにつくり笑いをする気になれないかもしれません。でも、たとえばどんなに食欲がないときでも、大好物を目の前に差し出されれば食べてしまうでしょう？

そもそも、なにも食べていなければ、身体は衰弱してしまいます。そういうときは、身体はなにかを食べたいと欲しているはずです。気持ちがふさいで食欲がないと思っていても、食欲がすっかりなくなっているわけではないのです。そこに大好物を差し出されたら、舌はちゃんとその味を覚えていますから、食欲がわいてくるのです。

わたし　大好物とつくり笑いにはどういう関係があるのですか？

マスター　**なにごともきっかけが必要**だということです。悲しみを抱えてふさぎ込んでいる人も、本当は「楽しいことをして喜びたい」という欲求を内に秘めています。なにかのきっかけさえあれば、その気持ちはわき上がってきます。**心の内側でくすぶっている喜びを目覚めさせる、いちばんいいきっかけが笑うこと**なんです。

わたし　そういうことなんですか……。

「つくった笑顔でも幸福を広げられる」

マスター　赤ん坊がはじめて笑うとき、なにかがうれしいから笑うのではありません。親が笑うのを見てまねしているだけです。でも、そうやって笑ってみたら、まわりが楽しそうにうれしがる。それを見て、赤ん坊もうれしくなって、もっと笑いたくなるのです。これは大人も同じ。**つくった笑顔でも、笑えば自然にその場がなごんで、幸福がまわりに伝染していきます。**つまり、**笑うのは幸福だからではなく、むしろ、笑うから幸福になれるのです。**

わたし　つくり笑いでも、それがきっかけで自分もまわりも楽しくなれる？

マスター　そうです。ですから、はじめは嘘でもいいからつくり笑いをしてみる。それがきっかけになって、楽しもうという気持ちがわいてくるのです。

わたし　では、考え過ぎて眠れないときは、どうすればいいですか？

マスター　あれこれと想像力の翼を広げて不機嫌をついばんでいれば、問題はどんどんこじれていき、ますます眠れなくなってしまいます。だから、**眠れないときは、考えることをやめればいいだけ**です。

わたし　考えることをやめるなんて、いったいどうすればできるのですか？

マスター　そんなときは、**あくびをするフリをしてみる**のです。あくびは、あれこれ考えたり、議論するのはもう疲れた、という身体のサイン。考えることに飽きてきたときに出るのがあくびです。身体が考えることを拒絶すると、自然にあくびは出てきます。だから、あくびをまねすることでクドクドと考えることから抜け出せるのです。

わたし　あくびって、そういうものなんですね。

マスター　本当のあくびは身体がリラックスしていないと出てきません。何度かあくびのふりをしているうちに、身体がリラックスしてきて、考え込んだり、悩んだりすることをやめたくなってきます。すると、身体がもっとリラックスし、本当のあくびが出てくるのです。あとは、さっさとベッドに入って、猫が眠るときにするように、身体の力を抜いてぐったりと横になればいいだけ。それでムダな悩みも眠りにつきます。同じようにくつろぎたければ、くつろいで満足しているフリをすればいいんです。

わたし　**気持ちがふさいでいるときは、フリでもいいから身体を動かしてみると、それが解放されるきっかけになる。**とてもいいことを教えてもらいました。

不幸を
感じるときほど、
意志の力で唇に
微笑みを
のせてみなさい。

いつもニコニコして不機嫌を伝えない

わたし　マスターと話をしていて、これまでネガティブな自分のせいで、ずいぶんまわりに迷惑をかけていたことがわかってきました。自覚はなかったのですが、職場も含めて**人間関係をギクシャクさせていたのは、わたし自身に問題があったんですね。**不機嫌をばらまいたり、相手が傷つくことを言ったりと。

マスター　軽はずみになにかの話をし、それが思わず人の気持ちを傷つけてしまう……。礼儀正しい人は、軽はずみに口から出てしまった言葉が取り返しのつかないことになる前に、その場の気まずさを感じとって、**言っていいことと、口に出したら気まずくなることを、あらかじめ読んで、それとなく話の流れを変えます。**

　ところが、不器用な人は、上から目線の口ぶりや不必要に大きな声、モジモジした態度や聞き取れない早口で、気持ちとは違うことを表してしまいます。本人に悪意はないのに、ついつい言いたいこととは違うことを口に出して、誰かを傷つけてしまうのです。

わたし　わたしは空気を読めないと言われるし、不器用そのものです。

マスター　だったら、ニコニコしていることです。それだけでいいんです。非難がましいことを言ったり、誤解を招くような表情をしてしまうと、相手があれこれ詮索してしまいます。でも、**あなたがニコニコしていれば、相手に、その笑顔をそっくりそのまま受け止めてもらうことができます。**

わたし　相手がニコニコしていると、たしかにつまらない詮索はしませんね。

マスター　それがわかったら、ほかの人の喜びを損なうようなサインは絶対に送るまいと思えるようになり、それよりも相手の人の幸福を願うようになれます。**相手の幸福を願うことによって、あなたも幸福になっていきます。**

　少なくとも自分がニコニコしていれば、相手に不機嫌を伝えるようなことはなくなります。それがわかったら、「ほかの人の喜びを損なうようなサインは絶対に送らないぞ」「ほかの人の喜びを減じるような予言は絶対しないぞ」と、強く決心できます。取るに足らないような不幸も、暗く語ればなにかを引き起こしてしまうものです。このことは肝に銘じておいてくださいね。

わたし　よくわかりました。

つらいときこそ、笑顔をつくる

マスター　人生には泣き出したくなるようなこともたくさん起こります。そんなとき、気分にまかせてしまう人は、感情に流されてその場で泣き始め、自分はなんて不幸なんだと落ち込んでしまいます。でも、そういうときこそ意志の力が必要なんです。たとえ泣き出したいときでも、意志の力で口角を上げて唇に微笑みをつくるのです。そうするためには、どんなときでも笑顔でいようと自分に誓うことが大切です。その誓いが意志を奮い立たせてくれます。

わたし　つらいときこそ、つくり笑いか……。

マスター　みんな、はじめは難しいと考えるでしょう。でも、試してみればすぐにわかります。**鏡の前で笑顔をつくっていると、本当に笑いがこみ上げてくるものです。**笑顔でいようという誓いがあれば、微笑みが浮かんでくる。同じように、**いつも楽観的にものごとを考えるためには、自分で自分の幸福をつくろうという意志の力を働かせなければならないのです。**

上機嫌こそ
すばらしく、
惜しみなく
与えられる
最高の贈り物です。

上機嫌をまわりの人にふりまく

わたし　自分で幸福をつくる意志を持つことはわかりましたが、自分が幸福ではないときに、どうすれば幸福に見せることができますか？　幸福が実感できていないのに幸福のふりをするには、いったいどうすればいいのでしょう？

マスター　簡単なことです。何度も言ってきたように、それは上機嫌を装うことです。**上機嫌こそ、贈ったり受け取ったりすべきものです。**上機嫌という贈り物を、街の通りや電車の中、駅の売店、職場や家庭で、恋人や友だち、知人にふりまくのです。それはひとつもムダになることなく、贈った先々で花を咲かせます。

わたし　そうですか。やはり上機嫌ですか。

マスター　街角で何台ものクルマが入り乱れると、罵声と悪態が飛び交い、しまいにはクルマから飛び出してケンカが始まったりします。そんなことにならないように、にっこりと微笑んで、肩の力を抜き、自分を振り回す怒りを鎮めることです。そうすれば、すぐに感情のもつれが解きほぐせます。**その瞬間、あなたは**

喜びをふりまく魔法使いになっています。そして、いつでも、温かい言葉を口にするようにしましょう。そして、ありがとうと感謝の気持ちをのべましょう。

わたし──わたしが喜びの魔法使いとは、ちょっと気持ちが悪いですが、おっしゃっていることはすごくよくわかります。

マスター──あなたが上機嫌でいるか、上機嫌のフリをしているだけで、上機嫌の波があなたのまわりに拡がり、すべてを、そしてあなた自身を軽やかにしてくれます。上機嫌の波はどこまでもつづいていくのです。

わたし──スキップしている自分を想像してしまいますね。

マスター──あなたが微笑めば、その顔に表れた喜びが、ほかの人にとっても喜びになる。まったく知らない人にとっても喜びになります。なぜなら、知らない人であればよけいに、その人の顔に表れたサインをあれこれ詮索《せんさく》せずに、そのままそっくり受け止めるからです。**喜びの表情は、まねされることによって宝物になり、遠くへと送り届けられます。**そしてなによりいいことは、**喜びの表情は、それを送り出す人を楽しくさせます。**これはとても深い真実です。だから、たとえ感じの悪い人にでも親切にしたほうがいいんです。

わたし　えっ、感じの悪い人にもですか？

礼儀をわきまえれば よけいなトラブルは起きない

マスター　自分の意志ひとつで、ものごとはよいものにも悪いものにもなります。だから、いつも、意志の力でものごとをよいものにしようとすることが、幸福になるための原則です。

人に怪訝《けげん》な視線を浴びせたり、人のことをけなすと、険悪な摩擦が起きますし、人を非難したり責めたりすれば、その摩擦は決定的になってしまいます。そうなるよりは、**相手の長所を見つけ出し、褒めて喜ばせたほうがずっといい**に決まっています。非難するよりも、褒めるところを見つけてあげるべきなのです。すると、不思議なことに、その相手は、そういう自分になろうとします。人のアラ探しをしたところで、なんの役にも立ちません。

わたし　マスターの言う礼儀をきちんとわきまえれば、よけいなトラブルも起きないということですね。

マスター

その通りです。わかってもらえたようで、うれしいですよ。

真の礼儀は、すべての摩擦をやわらげる喜びの中にあります。礼儀正しいということは、「いら立つまい」「人生の、この瞬間を台なしにすまい」という決意を、言葉や態度で示すことなのです。

「自分の上機嫌」を徹底的に鍛えておけば、心はつねに強くしなやかになります。

「上機嫌」を鍛えるトレーニング

わたし――それでは、どうすればいつも上機嫌でいられますか?

マスター――本当に前向きにとらえ始めたようですね。とてもいい質問です。いつも上機嫌でいようとすること、少なくても上機嫌のフリをしているためには、**「自分の上機嫌」を鍛えなければなりません。**

わたし――鍛える方法があるのなら、ぜひ教えてください。

マスター――これは私も実践していることですが、なかなか効果がありますよ。たとえば、上司に怒鳴られたり、取引先に無視されたりなどの**不運に出くわしたら、とにかく上機嫌に振る舞うように心がける。**簡単なようで難しいけど、これを意識していると、小さな心配事が上機嫌を鍛えるトレーニングになります。いつも歩いている坂道で足を鍛えていくようにね。

わたし――ん? もう少し具体的に教えてください。

マスター――悪口を言ったりグチをこぼしたりするために集まる不愉快な連中がいるでしょ

う。ふだんならそういう手合いは避けるものですが、上機嫌トレーニングを実践しているときは、むしろそういう連中を探すのです。彼らは、言ってみれば筋肉を鍛えるエキスパンダーのようなものです。

筋肉を鍛えるときに徐々にエキスパンダーの強度を高めていくように、**友人や知人を不機嫌のレベル順に並べて、上機嫌トレーニングを実践するのです。**相手がいつにも増してトゲトゲしく、なんにでも難癖をつけてくるようなときは、こんなふうに考えてください。「しめしめこれは手応えがあるぞ。せいぜい頑張らなくちゃ！　もっとアイツの不満を煽って、難易度を上げよう」と。

わたし　上機嫌を鍛えるのは、ある種の修行のようなものですね。

マスター　そうかもしれませんね。自分を鍛える修行のつもりで、無理にでも上機嫌を演じるのです。修行ならば、グダグダとグチをこぼしたり、人の悪口ばかりを言っているような連中相手でも、格好の稽古台になりますからね。そして、思わずののしりたくなるようなつまらない出来事に対して上機嫌でいられるようになるまで鍛え上げることです。そうすると、**どんな不機嫌なパンチも、気持ちのいいシャワーのように受け止めることができるようになるでしょう。**

愛は自然に
生まれません。
育まなければ愛は
消え失せて
しまいます。

「いい関係を続けたい」という気持ちが愛を育む

わたし　最後にもうひとつだけ。マスターの考える「愛と幸福」について、あらためて教えてください。

マスター　わかりました。まず、はじめからおいしい恋愛や結婚があるわけではないと理解してください。**「いい関係を続けたい」、「もっといい関係にしたい」という気持ちが愛を育む**のです。そして、お互いに努力して、育めば育むほど、愛は強くなり、いい関係が築かれていきます。**愛は自然に生まれるものではなく、育む努力をしなければ、そのうち消え失せてしまうもの**です。

わたし　今の言葉、まったくその通りですね。胸に刻んでおきます。

マスター　愛は、いったん受け取ったら、もうずっと安心していてもいいというものではありません。受け取ったものを、ただこういうものかと思って、そのまま手を加えなければ、すぐに退屈がやってきて相手と顔を合わせることさえ嫌になってしまいます。

感情的になることと、情愛深いことは同じではありません。親しい間柄では、つい不機嫌、悲しみ、退屈などが、雨や風のように自然に生まれるものだと油断して、そうした感情をむき出してしまいがちになります。情愛が深いからそうなるのだと思い違いをしてはならないのです。**仲がいいからといって、相手への気遣いを忘れていいわけはありません。**

感情というものは、真心のこもった大切なものであればあるほど、相手への気遣いが必要です。なぜなら、先ほども話したように、愛は自然に生まれるものではなく、育むものだからです。親しいからといって、お互いを気遣う気持ちをないがしろにして、感情をむき出しにしてしまえば、関係を育むどころか、関係にヒビを入れてしまいます。**本当の信頼は、愛を育む努力をするなかで芽生えてくるもの**です。

幸福の上にあぐらをかいてはいけない

わたし　そうですか。わたしは反省しないといけませんね。別れた彼女とは5年つき合っていましたが、壊れないものだとすっかり安心していました。

マスター　そうでしたか。ところで、あなたはお金持ちの家に生まれたかったと思いますか？

わたし　また不意打ちのような質問をしてきますね。でも、もう混乱はしません。

マスター　そうですか。で、どうですか？

わたし　それは、もちろんお金持ちの家に生まれたかったですよ。

マスター　宝くじに当たったり、裕福な家庭に生まれていたら、気をつけなければならないことがあります。それは、〝たまたま〟**幸福を受け取ると、自分がすべてを手に入れた気がして、すっかり安心しきってしまう**ということです。そこに安住して、自分で幸福をつくることをやめてしまうのです。

　不幸やお金持ちには二種類あると話しましたが、幸福にも二種類あります。ひとつは、それを手にしたとたん、そこに座り込み、いずれ退屈してしまう「**つかの間の幸福**」。もうひとつは、それを手にすることで、次なる希望や計画を見出し、それに向かってさらに前へと進んでいける「**活力ある幸福**」です。どちらがいいかは、言うまでもありませんね。

わたし　つかの間の幸福なんて、失ったときのショックで立ち直れなくなりそうです。

マスター　ですから、**今の幸福の上に、あぐらをかいていてはいけない**のです。それよりも、行動することで新しい希望をつくり出し、それに向かって進んでいくべきです。愛は育む努力をすることによって、いくらでも深まっていくものです。愛情にしろ、親愛にしろ、信頼にしろ、本当の感情は意志によってつくられ、育まれるのです。たとえ関係が冷えてしまったり、気まずくなったとしても、**意志の力で努力すれば、どしゃ降りの天気を、快晴にすることだってできる**のですよ。

「**幸福とは、困難や試練を乗り越えたときに感じる喜び**」

わたし　意志の力ですね。

マスター　いったん壊れそうになっても、お互いに意志の力で努力することで、愛は深くなります。思い違いでケンカして仲違いすることはよくあることです。でも、もし本当に相手のことを大切だと思うのなら、そこですべてを終わりにはしないはずです。どんなに気持ちが重くても、意志の力を振り絞り、取りあえず話し合うことでしょう。そうして誤解が解けたなら、お互いへの思いは仲たがいする前よりずっと深まっていることになります。

わたし　わたしはすべてにおいて成り行きにまかせてしまっていたのですね……。でも、もうわたしは大丈夫です。もう過去のことですし、前を向く気持ちになっていますから。

マスター　そうですか。それはよかった。

幸福とは、困難や試練を乗り越えたときに感じる喜びです。この幸福は、ただ愛を受け取っただけの幸福よりも何倍も大きなものです。**幸福は、へこたれそうになる自分を励まし、欲しいものを手にするために努力してきたことへのご褒美です。**困難が大きければ大きいほど、もらえるご褒美も大きくなります。

わたし　幸福は努力したことへのご褒美なんですね。

マスター　そうです。わかってもらえましたね。

おや、そろそろ夜が明けてきましたよ。今日のところはこれで終わりにしましょうか。

わたし　長い時間ありがとうございました。心が少し軽くなったような気がします。また不幸から抜け出せなくなったら相談させてください。

マスター　いつでもどうぞ。でも、あなたは大丈夫ですよ。微笑みをつくれるようになりましたからね。

わたし　こんな感じですか？

マスター　それでいいんです。幸福はもうすぐそこまできていますよ。

わたし　マスター、本当にありがとうございました。

バーの扉を開け、地上の階段を上るともう朝だった。
ビルの間から朝日がまぶしく照らしてくる。
今日はいい天気になりそうだ。
バーを後にしたわたしは、
雨上がりの歩道を足取りも軽く駅に向かった。
鏡はないが、顔に微笑みが浮かんでいるのを自覚している。
まだなにも始めてはいないが、すでにわたしは幸せだった。
そうだ、駅までスキップして行こうか。
いつか見た、古いミュージカルみたいに。

アランと『幸福論』について

アランは本名をエミール＝オーギュスト・シャルティエといい、1868年にフランス・ノルマンディー地方で生まれました。フランスの哲学者、評論家、モラリストとして、20世紀前半のフランス思想に大きな影響を与えた人物です。当時、「現代のソクラテス」と評する人もいました。

ペンネームの「アラン」は、フランス中世の詩人、作家であったアラン・シャルティエにちなんだものです。若いころのアランは、高校教師として哲学を教えましたが、一方で文筆活動も盛んに行い、新聞などに大量の寄稿をしました。中でも、「プロポ（哲学断章）」と呼ばれる短いエッセイ形式のコラムが人気を博しました。

1925年、アランが57歳のときに著した『幸福論』は、彼の代表作として知られているものです。この本は、アランが第一次世界大戦前後に執筆したプロポの中から、「幸福」をテーマにしたものを集めて構成したもので、初版は60編のプロポからなり、その後加筆して最終的に93編となりました。

この本は形式が斬新なだけでなく、内容も他の哲学書とは異なり、読みやすい平易な言葉で書かれているところが特徴です。日常生活の具体的な事柄を例にとり、幸福になるためのヒントや指針が語られていて、日本でも古くから多くの読者に親しまれてきました。

アランは教師を退職した後、執筆活動に専念し、1951年にパリ郊外のル・ヴェジネで83歳で亡くなりました。

本書はアランの『幸福論』をもとに、アランの言葉や考え方を物語形式で紹介するものです。

世界一の『幸福論』が教えてくれた明日がもっと幸せになる方法

発行日　2016年7月27日　第1刷

著者　アラン研究会

デザイン　小口翔平、三森健太、喜來詩織（tobufune）
イラスト　二村大輔
編集協力　洗川俊一、山崎修
校正　中山祐子

編集担当　小林英史、舘瑞恵
営業担当　増尾友裕
営業　丸山敏生、石井耕平、熊切絵理、菊池えりか、伊藤玲奈、綱脇愛、櫻井恵子、吉村寿美子、田邊曜子、矢橋寛子、大村かおり、高垣真美、高垣知子、柏原由美、菊山清佳、大原桂子、矢部愛、寺内未来子
プロモーション　山田美恵、浦野稚加
編集　柿内尚文、杉浦博道、栗田亘、澤原昇、辺土名悟、奈良岡崇子
編集総務　千田真由、髙山紗耶子、高橋美幸
メディア開発　中原昌志、池田剛
講演事業　斎藤和佳、高間裕子
マネジメント　坂下毅
発行人　高橋克佳

発行所　株式会社アスコム

〒105-0002
東京都港区愛宕1-1-11　虎ノ門八東ビル
編集部　TEL：03-5425-6627
営業部　TEL：03-5425-6626　FAX：03-5425-6770

印刷・製本　中央精版印刷株式会社

Printed in Japan ISBN 978-4-7762-0915-7